Das Rechnungswesen 2
Gut gebrüllt, Löwe

Jürg Leimgruber
Urs Prochinig

Das Rechnungswesen

2

Gut gebrüllt, Löwe

VERLAG:SKV

Dr. Jürg Leimgruber
und
Dr. Urs Prochinig

sind dipl. Handelslehrer an der KV Zürich
Business School, Dozenten in der wirtschaftlichen
Weiterbildung und Mitglieder verschiedener
Prüfungsgremien.

3. Auflage 2006
ND 2007

ISBN 978-3-286-33223-2

© Verlag SKV, Zürich
  www.verlagskv.ch

Gestaltung: Peter Heim
Umschlag: Brandl & Schärer AG

Vorwort

Gut gebrüllt, Löwe ist der zweite Teil eines mehrbändigen Werkes, das den Lernenden nach abgeschlossenem Studium befähigt, das Rechnungswesen in der Praxis richtig einzusetzen.

Der zweite Band befasst sich mit Problemkreisen rund um den Jahresabschluss und vermittelt die notwendigen Kenntnisse, die Buchhaltung einer Einzelunternehmung oder einer Aktiengesellschaft mit den erforderlichen Rechnungsabgrenzungen selbstständig abzuschliessen und für das neue Jahr wieder zu eröffnen. Ebenso sind Gewinnverwendung und -verbuchung sowie die Analyse des Jahresabschlusses mittels der wichtigsten Kennzahlen Thema dieses Lehrbuches.

▷ Der **Theorieteil** umfasst in übersichtlicher, grafisch einleuchtender Weise die wichtigsten Theoriegrundlagen. Er ist deshalb sehr gut für das Selbststudium geeignet.

▷ Der **Aufgabenteil** enthält zu jedem Kapitel eine Einführungsaufgabe, die in ihrem Aufbau dem Theorieteil entspricht. Die Aufgabenstellungen sind vielfältig und gestalten mit den angebotenen Lösungshilfen das Lernen und Aufgabenlösen attraktiv.

▷ Mit der speziell entwickelten Software **EasyAccounting auf CD** wird die buchhalterische Praxis gebührend berücksichtigt. Das Programm ist so einfach aufgebaut, dass eine Anwendung ohne spezielle Einführung möglich ist. Die buchhalterischen Zusammenhänge werden grafisch sinnvoll veranschaulicht, der Ausdruck erfolgt im gängigen MS-Excel-Format. **Die CD ist in Band 1 enthalten;** bei Bedarf kann sie im Verlag SKV einzeln bezogen werden.

▷ Es ist ein separater **Lösungsband** erhältlich.

▷ Lehrpersonen können beim Verlag SKV über Internet **www.verlagskv.ch** gratis **Folienvorlagen** für die Aufgabenhilfen herunterladen und beim Verlag vergrösserte Lösungen auf CD erwerben.

Das Buch berücksichtigt die für die neue kaufmännische Lehre formulierten Leistungsziele (Stand Januar 2006).

Wir danken allen, die uns mit Rat und Tat bei der Entwicklung dieses modernen Lehrmittels unterstützt haben. Besonderer Dank gebührt Herrn Peter Heim für die hervorragende grafische Gestaltung und Theres Schwaiger für die umsichtige Durchsicht des Manuskripts.

Ihre aufbauende Kritik freut uns immer – und wir hoffen auch, dass Sie am Ende dieses Lehrmittels noch die Kraft finden, ins gute Gebrüll des Ehrfurcht erregenden Löwen einzustimmen.

Zürich und Rafz, Juni 2006

Jürg Leimgruber
Urs Prochinig

Vorwort zur 3. Auflage

Die bisherigen Auflagen fanden bei der Leserschaft eine gute Aufnahme. Lehrplanpräzisierungen durch die Zentralkommission, regionale Vorgaben sowie zahlreiche Anregungen von Lehrpersonen bewogen uns, die vorliegende 3. Auflage hauptsächlich in drei Punkten zu ändern:

▷ Als neue Kapitel figurieren die **Kollektivgesellschaft** sowie die **GmbH.**

▷ **Zusätzliche Aufgaben** entsprechen dem Bedürfnis von motivierten Lernenden nach mehr Übungsmaterial.

▷ Ein leicht verändertes **grafisches Konzept** verschafft in den Lösungshilfen mehr Platz zum Hineinschreiben.

Die wichtigsten Änderungen im Einzelnen sind:

Kapitel 21 Einzelunternehmung	Die Aufgaben Nr. 21.10 bis 21.12 sind zusätzlich.
Kapitel 22 Kollektivgesellschaft	Das ganze Kapitel ist neu dazugekommen.
Kapitel 23 Aktiengesellschaft	Die Aufgaben Nr. 23.09 und 23.15 bis 23.18 sind zusätzlich. Die bisherigen Aufgaben 22.09, 22.14 und 22.15 wurden gestrichen.
Kapitel 24 GmbH	Das ganze Kapitel ist neu dazugekommen.
Kapitel 25 Abschreibungen	Aus Platzgründen mussten viele Umstellungen vorgenommen werden. Zahlreiche Aufgaben sind neu dazugekommen: 25.05, 25.07, 25.09 bis 25.11, 25.13 bis 25.18, 25.23 und 25.24.
Kapitel 26 Debitorenverluste, Delkredere	Das Konto Debitorenverluste wird konsequent als Minus-Ertragskonto behandelt. Die Aufgabe 26.10 ist zusätzlich.
Kapitel 27 Transitorische Konten, Rückstellungen	Die Aufgaben 27.11, 27.12, 27.14 und 27.15 sind neu. Die bisherigen Aufgaben 25.08 und 25.12 wurden gestrichen.
Kapitel 28 Analyse des Jahresabschlusses	Das Kapitel wurde vereinfacht. Eine ausführliche Bilanz- und Erfolgsanalyse wird neu im 4. Band angeboten. Der Cashflow wird nicht mehr behandelt, und die bisherigen Aufgaben 26.08, 26.11 und 26.13 wurden gestrichen. Aufgabe 28.03 ist neu.

Neu können Lehrpersonen beim Verlag vergrösserte Lösungen auf CD erwerben.

Auf der Homepage des Verlags wird unter **www.verlagskv.ch → downloads** eine periodisch nachgeführte **Korrigenda** veröffentlicht, die auf allfällige Änderungen von gesetzlichen Vorschriften sowie Druckfehler hinweist.

Wir danken für die Anregungen und wünschen viel Erfolg.

Zürich und Rafz, Juni 2006

Die Autoren

Inhaltsverzeichnis

Inhaltsangaben
zu den Bänden 1, 3 und 4

In den anderen Bänden dieser «tierischen» Reihe werden die folgenden Themen behandelt:

Gut gebrüllt, Löwe

Theorie

Der Jahresabschluss

Einleitung

In diesem Lehrmittel werden vor allem Probleme behandelt, die sich im Zusammenhang mit den Abschlussarbeiten am Ende eines Geschäftsjahres ergeben. Eingehend werden folgende Fragen besprochen:

▷ Welche Bedeutung hat das Privatkonto, und wie wird der Abschluss bei der Einzelunternehmung und der Kollektivgesellschaft durchgeführt?

▷ Welche Besonderheiten ergeben sich beim Abschluss von Aktiengesellschaft und GmbH, und wie ist die Gewinnverwendung zu verbuchen?

▷ Welche Probleme stellen sich bei den Abschreibungen auf dem Anlagevermögen?

▷ Wie sind definitive und mutmassliche Verluste bei den Debitoren zu berücksichtigen?

▷ Wie können Aufwände und Erträge korrigiert werden, die nicht der richtigen Abrechnungsperiode belastet bzw. gutgeschrieben wurden?

▷ Wie können mittels treffender Kennzahlen fundierte Aussagen über die wirtschaftliche Situation einer Unternehmung gemacht werden?

Einzelunternehmung

Die **Rechtsform** der Einzelunternehmung ist in der Schweiz sehr verbreitet und beliebt. Sie zeichnet sich durch folgende wichtige Merkmale aus:

▷ Das ganze Eigenkapital wird durch die Inhaberin bzw. den Inhaber aufgebracht.

▷ Das Obligationenrecht macht keine Vorschriften bezüglich einer minimalen Kapitaleinlage.

▷ Der Inhaber führt das Geschäft und ist in seiner Entscheidungsfreiheit uneingeschränkt.

▷ Der Inhaber haftet mit seinem ganzen Geschäfts- und Privatvermögen, dafür hat er auch Anspruch auf den ganzen Gewinn.

▷ Die Einzelunternehmung ist in der Regel nur dann im Handelsregister einzutragen, wenn ein Umsatz von mehr als Fr. 100 000.– pro Jahr erzielt wird.

In der **Buchhaltung** werden für die Abwicklung des Verkehrs zwischen dem Geschäftsinhaber und der Unternehmung zwei Konten benötigt:

▷ Das **Eigenkapitalkonto** zeigt das der Unternehmung langfristig zur Verfügung gestellte Kapital.

▷ Im **Privatkonto** werden die laufend anfallenden Gutschriften und Bezüge des Geschäftsinhabers aufgezeichnet. Vor dem Jahresabschluss wird der Saldo des Privatkontos immer über das Eigenkapital ausgeglichen. Das Privatkonto erscheint deshalb nie in der Bilanz einer Einzelunternehmung.

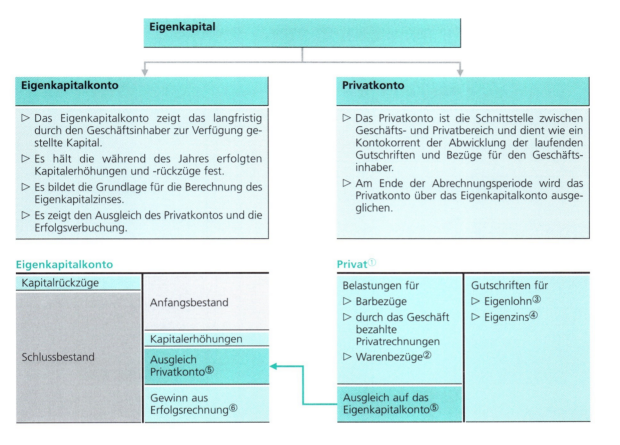

Eigenkapital

Eigenkapitalkonto

▷ Das Eigenkapitalkonto zeigt das langfristig durch den Geschäftsinhaber zur Verfügung gestellte Kapital.

▷ Es hält die während des Jahres erfolgten Kapitalerhöhungen und -rückzüge fest.

▷ Es bildet die Grundlage für die Berechnung des Eigenkapitalzinses.

▷ Es zeigt den Ausgleich des Privatkontos und die Erfolgsverbuchung.

Privatkonto

▷ Das Privatkonto ist die Schnittstelle zwischen Geschäfts- und Privatbereich und dient wie ein Kontokorrent der Abwicklung der laufenden Gutschriften und Bezüge für den Geschäftsinhaber.

▷ Am Ende der Abrechnungsperiode wird das Privatkonto über das Eigenkapitalkonto ausgeglichen.

Eigenkapitalkonto

Kapitalrückzüge	Anfangsbestand
	Kapitalerhöhungen
Schlussbestand	Ausgleich Privatkonto[5]
	Gewinn aus Erfolgsrechnung[6]

Privat[1]

Belastungen für	Gutschriften für
▷ Barbezüge	▷ Eigenlohn[3]
▷ durch das Geschäft bezahlte Privatrechnungen	▷ Eigenzins[4]
▷ Warenbezüge[2]	
Ausgleich auf das Eigenkapitalkonto[5]	

---

[1] Das Privatkonto wird als Kontokorrent geführt und kann – wie ein Bank-Kontokorrent – aktiv oder passiv sein. Ein Sollüberschuss bedeutet, dass der Geschäftsinhaber mehr bezogen als er Gutschriften erhalten hat, ein Habenüberschuss, dass die Gutschriften die Bezüge übersteigen.

[2] Warenbezüge durch den Geschäftsinhaber erfolgen meist entweder zum Verkaufspreis abzüglich Rabatt oder zum Einstandspreis. Private Warenbezüge werden auf einem separaten Ertragskonto erfasst: **Privat / Ertrag Eigenverbrauch** (Konto 3270 im Kontenrahmen KMU). Die Verbuchung des Warenverkehrs wird in Band 3, Kapitel 31, erklärt.

[3] Der Geschäftsinhaber hat für seine geleistete Arbeit einen Gehaltsanspruch wie ein Angestellter. Für das Geschäft stellt der Eigenlohn einen Lohnaufwand dar.

[4] Würde der Geschäftsinhaber sein Kapital anderweitig anlegen, bekäme er entsprechende Erträge in Form von Zinsen oder Dividenden. Für das Geschäft stellt der Eigenzins einen Zinsaufwand dar.

[5] Bei einem Überschuss der Belastungen wäre der Ausgleichsposten im Haben des Privatkontos und im Soll des Eigenkapitalkontos.

[6] Ein allfälliger Verlust würde das Eigenkapital vermindern und dementsprechend im Soll verbucht.

Beispiel — Führung des Privatkontos und Jahresabschluss

Der Geschäftsverkehr während des Jahres aus der Einzelunternehmung Theres Kast, Wohndesign, ist summarisch dargestellt.

Vorgänge	Buchungssatz	Konten			
		Eigenkapital		**Privat**	
Eröffnung①	Bilanz/Eigenkapital		50 000		
Gutschrift Eigenlohn②	Lohnaufwand/Privat				65 000
Stoffbezüge privat	Privat/Ertrag Eigenverbrauch			2 000	
Barbezüge von T. Kast	Privat/Kasse			46 000	
Eigenzins② 6% vom Eigenkapital	Zinsen/Privat				3 000
1. Schritt Privatkontoausgleich über das Eigenkapital	Privat/Eigenkapital	20 000		20 000	
				68 000	**68 000**
				Erfolgsrechnung	
Total Jahresaufwand	Diverse			120 000	
Total Jahresertrag	Diverse				150 000
2. Schritt Gewinnübertrag auf das Eigenkapital③	Erfolgsrechnung/Eigenkapital	30 000		30 000	
				150 000	**150 000**
				Schlussbilanz	
Total Aktiven	Diverse			180 000	
Total Fremdkapital	Diverse				80 000
3. Schritt Eigenkapitalübertrag auf die Schlussbilanz③	Eigenkapital/Schlussbilanz	100 000			100 000
		100 000	**100 000**	**180 000**	**180 000**

① Weil das Privatkonto jeweils Ende Jahr über das Eigenkapitalkonto ausgeglichen wird, erscheint es weder in der Schlussbilanz noch in der Eröffnungsbilanz.

② Das gesamte **Unternehmereinkommen** errechnet sich wie folgt:

Eigenlohn	Fr. 65 000.–
Eigenzins	Fr. 3 000.–
Reingewinn	Fr. 30 000.–
Unternehmereinkommen	Fr. 98 000.–

③ Im Gegensatz zur **Schlussbilanz vor Gewinnverbuchung,** in welcher der erzielte Gewinn bzw. Verlust ausgewiesen wird, ist in der **Schlussbilanz nach Gewinnverbuchung** der Erfolg über das Eigenkapital abgebucht worden.

Kollektivgesellschaft

Gemäss OR 552 ist die Kollektivgesellschaft eine Gesellschaft, in der zwei oder mehrere natürliche Personen, ohne Beschränkung ihrer Haftung gegenüber den Gesellschaftsgläubigern, sich zum Zwecke vereinigen, unter einer gemeinsamen Firma ein Handels-, ein Fabrikations- oder ein anderes nach kaufmännischer Art geführtes Gewerbe zu betreiben.

Das Rechtsverhältnis der Gesellschafter untereinander ist in einem Gesellschaftsvertrag zu regeln.

In der Buchhaltung werden für die Abwicklung des Verkehrs zwischen den Gesellschaftern und der Gesellschaft für jeden Gesellschafter je ein Kapitalkonto und ein Privatkonto geführt:

Konten (zum Beispiel für Gesellschafter Müller)

Kapital Müller	**Privat Müller**
Das Kapitalkonto zeigt die langfristige Kapitaleinlage des Gesellschafters gemäss Gesellschaftsvertrag.	Das Privatkonto hält im Sinne eines Kontokorrents die laufenden Gutschriften und Belastungen für den Gesellschafter fest.
	Im Gegensatz zur Einzelunternehmung werden die Privatkonten Ende Jahr nicht über die Kapitalkonten ausgeglichen. Sie erscheinen in der Bilanz als Teil des Eigenkapitals.[1]

Kapital Müller

Kapitalrückzüge	Anfangsbestand
Schlussbestand (Saldo)	
	Kapitalerhöhungen

Privat Müller

Belastungen für ▷ Barbezüge ▷ durch Geschäft bezahlte Privatrechnungen ▷ Warenbezüge	Anfangsbestand
	Gutschriften für ▷ Eigenlohn ▷ Eigenzins ▷ **Gewinnanteil**
Schlussbestand (Saldo)	

[1] Die Kapitaleinlage ist im Gesellschaftsvertrag festgelegt und wird verzinst, weshalb diese nicht ohne Zustimmung der übrigen Gesellschafter verändert werden darf.

Gewinnanteil, Eigenzins und Eigenlohn

Im Gegensatz zur Einzelunternehmung, wo bezüglich Gewinn-, Eigenlohn- und Eigenzinsverbuchung keine besonderen Regeln aufgestellt werden müssen, weil ein Einzelner darüber bestimmen kann, bedarf es bei der Kollektivgesellschaft genauer Vorschriften:

▷ Für die **Gewinn- und Verlustverteilung** ist der Gesellschaftsvertrag massgebend: Wo nichts vereinbart wurde, wird der Erfolg nach den Regeln der einfachen Gesellschaft zu gleichen Teilen an die Gesellschafter verteilt (man sagt auch: nach Köpfen).

OR 533: Gewinn- und Verlustbeteiligung[1]

Wird es nicht anders vereinbart, so hat jeder Gesellschafter, ohne Rücksicht auf die Art und Grösse seines Beitrages, gleichen Anteil am Gewinn und Verlust.

Ist nur der Anteil am Gewinn oder der Anteil am Verlust vereinbart, so gilt diese Vereinbarung für beides.

Die Verabredung, dass ein Gesellschafter, der zu dem gemeinsamen Zwecke Arbeit beizutragen hat, Anteil am Gewinn, nicht aber am Verlust haben soll, ist zulässig.

▷ Jeder Gesellschafter hat Anrecht auf einen **Gewinnanteil, Eigenzins und Eigenlohn,** wobei der Eigenlohn und der Eigenzins unabhängig vom Geschäftsergebnis entrichtet werden müssen:

OR 558: Gewinn- und Verlustrechnung

Für jedes Geschäftsjahr sind aufgrund der Gewinn- und Verlustrechnung sowie der Bilanz der Gewinn oder Verlust zu ermitteln und der Anteil jedes Gesellschafters zu berechnen.

Jedem Gesellschafter dürfen für seinen Kapitalanteil Zinse gemäss Vertrag gutgeschrieben werden, auch wenn durch den Verlust des Geschäftsjahres der Kapitalanteil vermindert ist. Mangels vertraglicher Abrede beträgt der Zinssatz vier von hundert.

Ein vertraglich festgesetztes Honorar für die Arbeit eines Gesellschafters wird bei der Ermittlung von Gewinn und Verlust als Gesellschaftsschuld behandelt.

OR 559: Anspruch auf Gewinn, Zinse und Honorar

Jeder Gesellschafter hat das Recht, aus der Gesellschaftskasse Gewinn, Zinse und Honorare des abgelaufenen Geschäftsjahres zu entnehmen.

Zinse und Honorare dürfen, soweit dies der Vertrag vorsieht, schon während des Geschäftsjahres, Gewinne dagegen erst nach Feststellung der Bilanz bezogen werden.

Soweit ein Gesellschafter Gewinne, Zinse und Honorar nicht bezieht, werden sie nach Feststellung der Bilanz seinem Kapitalanteil zugeschrieben, sofern nicht einer der andern Gesellschafter dagegen Einwendungen erhebt.

▷ Gewinne dürfen nur ausgeschüttet werden, wenn die Kapitaleinlagen nicht durch Verluste aus früheren Geschäftsperioden vermindert sind:

OR 560: Verluste

Ist der Kapitalanteil durch Verluste vermindert worden, so behält der Gesellschafter seinen Anspruch auf Ausrichtung des Honorars und der vom verminderten Kapitalanteil zu berechnenden Zinse; ein Gewinnanteil darf erst dann wieder ausbezahlt werden, wenn die durch den Verlust entstandene Verminderung ausgeglichen ist.

Die Gesellschafter sind weder verpflichtet, höhere Einlagen zu leisten, als dies im Vertrag vorgesehen ist, noch ihre durch Verlust verminderten Einlagen zu ergänzen.

---

[1] Im OR ist die Gewinn- und Verlustbeteiligung bei der Kollektivgesellschaft nicht erwähnt, weshalb hier die Regelung für die einfache Gesellschaft zur Anwendung kommt.

| Beispiel | **Führung der Privat- und Kapitalkonten** |

Die folgende Darstellung zeigt für die Kollektivgesellschaft Huber & Käser die summarisch zusammengefassten Konteneintragungen:

▷ bei der Eröffnung

▷ während des Jahres

▷ und beim Abschluss

Eröffnungsbilanz 1. 1. 20_4

Aktiven		Passiven
	Eigenkapital	
	Kapital Huber	100
	Kapital Käser	200
	Privat Huber	− 20
	Privat Käser	12

Journal und Hauptbuch 20_4

Geschäftsfälle	Kapital Huber		Kapital Käser		Privat Huber		Privat Käser	
Eröffnung①		100		200	20			12
Privatbezüge während des Jahres					95		102	
Gutschriften Eigenlohn						96		96
Zinsgutschrift 4% auf Kapitaleinlagen						4		8
Gutschrift Gewinnanteil②						10		10
Übertrag der Salden auf die Bilanz	**100**		**200**			**5**	**24**	
	100	100	200	200	115	115	126	126

Schlussbilanz 31. 12. 20_4

Aktiven		Passiven
	Eigenkapital	
	Kapital Huber	100
	Kapital Käser	200
	Privat Huber	− 5
	Privat Käser	24

① Die **Privatkonten der Gesellschafter** werden als Kontokorrente geführt.

▷ Gesellschafter Huber hat sein Konto überzogen (Sollüberschuss), weshalb das Privatkonto in der Eröffnungsbilanz im Sinne eines Wertberichtigungskontos als Minus-Passivkonto beim Eigenkapital abgezählt wird. Die Eröffnung im Hauptbuch erfolgt nach den Buchungsregeln eines Minus-Passivkontos im Soll.

▷ Bei Gesellschafter Käser waren die Gutschriften grösser als die Bezüge (Habenüberschuss), weshalb das Privatkonto als Passivkonto als Teils des Eigenkapitals in der Bilanz aufgeführt wird. Im Hauptbuch erfolgt die Eröffnung des Privatkontos im Haben.

② Üblicherweise wird der **Gewinn dem Privatkonto gutgeschrieben.** OR 559 Abs. 3 erlaubt aber auch eine Gutschrift von Gewinn, Eigenzins und Eigenlohn – soweit sie nicht bezogen werden – auf dem Kapitalkonto, allerdings nur, sofern nicht ein anderer Gesellschafter dagegen Einspruch erhebt.

In der Regel werden **Verluste dem Kapitalkonto belastet,** wobei die Zinsen dann gemäss OR 560 Abs. 1 auf den verminderten Kapitalanteilen zu berechnen sind.

Aktiengesellschaft

Die Aktiengesellschaft (AG) unterscheidet sich gegenüber der Einzelunternehmung grundsätzlich:

	Einzelunternehmung	Aktiengesellschaft
Personenkreis	Eine einzelne natürliche Person ist Eigentümerin der Unternehmung.	Die AG ist eine Gesellschaft mit eigener Rechtspersönlichkeit (juristische Person), an der einer oder mehrere Aktionäre beteiligt sind.
Eigenkapital	Das Eigenkapital stammt allein vom Einzelunternehmer bzw. von der Einzelunternehmerin. **In der Bilanz wird das Eigenkapital nicht weiter gegliedert.**	Das Eigenkapital wird von einem oder mehreren Aktionären aufgebracht (ab 2007). In der Bilanz wird das Eigenkapital in drei Teile gegliedert: ▷ Aktienkapital ▷ Reserven ▷ Gewinnvortrag
Gewinnverbuchung Ende Jahr (Abschluss)	Der Gewinn wird auf das Eigenkapital gebucht. Buchungssatz: **Erfolgsrechnung/Eigenkapital.**	Der Gewinn wird auf das Gewinnvortragskonto (als Teil des Eigenkapitals) gebucht. Buchungssatz: Erfolgsrechnung/Gewinnvortrag.
Gewinnverwendung	Der Einzelunternehmer kann frei über den Gewinn verfügen und diesen z. B. im Rahmen seiner Privatbezüge während des Jahres beziehen.	Die Generalversammlung (= Versammlung der Aktionäre) beschliesst über die Gewinnverwendung: ▷ Ein Teil des Gewinnes darf nicht ausgeschüttet werden und muss in Form von Reserven zurückbehalten werden. ▷ Ein Teil des Gewinnes wird nach der Generalversammlung an die Aktionäre ausbezahlt. Das ist die so genannte Dividende (lateinisch dividere = teilen, verteilen).
Haftung	Der Einzelunternehmer haftet persönlich und unbeschränkt für alle Geschäftsschulden, d. h. auch mit seinem Privatvermögen.	Die Haftung für Gesellschaftsschulden ist auf das Vermögen der AG beschränkt. Die Aktionäre haften nicht mit ihrem Privatvermögen. (Im Konkurs der AG verlieren die Aktien allerdings ihren Wert, sodass die Aktionäre trotzdem zu Schaden kommen.)
Anonymität	Der Unternehmer ist als Eigentümer seiner Einzelunternehmung im Handelsregister eingetragen (Ausnahme: sehr kleine Einzelunternehmungen).	Die Aktionäre sind nicht im Handelsregister eingetragen; sie bleiben anonym (daher der französische Name für AG: S.A., Société Anonyme).
Steuern	Geschäfts- und Privateinkommen bzw. Geschäfts- und Privatvermögen werden zusammengezählt und gemeinsam besteuert.	Die Aktiengesellschaft und die Aktionäre werden getrennt besteuert: ▷ Die AG zahlt Steuern auf dem Gewinn und dem Eigenkapital. ▷ Die Aktionäre zahlen Steuern auf den Dividenden (Gewinnanteile) und dem Vermögen (Wert der Aktien). Diese Doppelbesteuerung ist der wichtigste Nachteil der Rechtsform einer AG.

Beispiel 1 — Gewinnverbuchung Ende Jahr (Abschluss)

Eine Aktiengesellschaft erwirtschaftete einen Jahresgewinn von Fr. 10000.–.
Die Schlussbilanz vor Gewinnverbuchung zeigt folgendes Bild:

Schlussbilanz vor Gewinnverbuchung per 31. 12. 20_1

Aktiven				Passiven		
Umlaufvermögen				**Fremdkapital**		
Flüssige Mittel	20 000			Kreditoren	150 000	
Debitoren	70 000			Hypothek	350 000	500 000
Vorräte	60 000	150 000		**Eigenkapital**		
Anlagevermögen				Aktienkapital①	200 000	
Mobilien	40 000			Reserven	39 200	
Maschinen	50 000			Gewinnvortrag②	800	
Immobilien	510 000	600 000		Jahresgewinn	10 000	250 000
		750 000				750 000

Als letzte Buchung des Geschäftsjahres (so genannte Abschlussbuchung) wird auch bei der Aktiengesellschaft der Jahresgewinn aufs Eigenkapital gebucht. Im Unterschied zur Einzelunternehmung verfügt die Aktiengesellschaft mit dem **Konto Gewinnvortrag** über ein gesondertes Eigenkapitalkonto, das eigens für die Gewinnverbuchung und -verteilung geschaffen wurde. Der Buchungssatz für die Gewinnverbuchung lautet:

Erfolgsrechnung/Gewinnvortrag	**Fr. 10000.–**

Nach der Gewinnverbuchung ist das alte Geschäftsjahr abgeschlossen, und die Schlussbilanz nach Gewinnverbuchung wird zur Eröffnungsbilanz für das neue Geschäftsjahr:

Schlussbilanz nach Gewinnverbuchung per 31. 12. 20_1 (= Eröffnungsbilanz per 1. 1. 20_2)

Aktiven				Passiven		
Umlaufvermögen				**Fremdkapital**		
Flüssige Mittel	20 000			Kreditoren	150 000	
Debitoren	70 000			Hypothek	350 000	500 000
Vorräte	60 000	150 000		**Eigenkapital**		
Anlagevermögen				Aktienkapital	200 000	
Mobilien	40 000			Reserven	39 200	
Maschinen	50 000			Gewinnvortrag③	10 800	250 000
Immobilien	510 000	600 000				
		750 000				750 000

① Der Aktionär ist aufgrund seines Aktienbesitzes Teilhaber an der Aktiengesellschaft. Das Aktienkapital ergibt sich aus der Anzahl Aktien multipliziert mit dem Nennwert (Nominalwert) einer Aktie. Hier könnten zum Beispiel 200 Aktien mit je einem Nominalwert von Fr. 1000.– ausgegeben worden sein oder 20000 Aktien mit je einem Nominalwert von Fr. 10.–. Der Nominalwert einer Aktie muss gemäss OR 622 mindestens einen Rappen betragen, nach oben kann er beliebig festgelegt werden.

② Vor Verbuchung des Jahresgewinnes stellt der Gewinnvortrag einen noch nicht verteilten (meist kleinen) Gewinnrest aus dem Vorjahr dar.

③ Im Falle eines Jahresverlusts würde das Konto Gewinnvortrag zum Konto **Verlustvortrag.** Das Verlustvortragskonto ist ein Minus-Passivkonto, das wie das Gewinnvortragskonto in die Kontengruppe des Eigenkapitals gehört: Das Gewinnvortragskonto stellt als Passivkonto eine Erhöhung des Eigenkapitals dar, das Verlustvortragskonto als Minus-Passivkonto eine Verminderung.

Ein Verlustvortrag wird entweder in der Bilanz stehen gelassen, bis er mit einem späteren Gewinn verrechnet werden kann, oder der Verlustvortrag wird aus der Bilanz entfernt, indem er über die Reserven ausgebucht wird. Buchungssatz: Reserven/Verlustvortrag.

Beispiel 2

Die Gewinnverwendung (Beschluss der Generalversammlung)

Die Beschlussfassung über die Verwendung des Reingewinnes, insbesondere über die Festsetzung der Dividende, gehört gemäss OR 698 zu den Aufgaben der Generalversammlung. OR 669 verlangt, dass die ordentliche Generalversammlung alljährlich innerhalb von sechs Monaten nach dem Jahresabschluss stattfinden muss.

Die Generalversammlung ist in ihrer Beschlussfassung über die Gewinnverteilung nicht völlig frei. Nach OR 671 müssen jährlich **gesetzliche Reserven** von mindestens 5% des Jahresgewinnes gebildet werden[1]. Zusätzliche freiwillige Reserven sind gemäss OR 672 möglich.

Nehmen wir an, die Aktiengesellschaft von Beispiel 1 führe die Generalversammlung am 23. April 20_2 durch und beschliesse folgende Gewinnverwendung für das Geschäftsjahr 20_1:

Gewinnverwendungsplan

Gewinnvortrag vor Gewinnverwendung	10 800.–
./. Zuweisung an die gesetzlichen Reserven (5% des Jahresgewinns von 10 000.–)	– 500.–
./. Dividende (5% des Aktienkapitals von 200 000.–)	– 10 000.–
= Gewinnvortrag nach Gewinnverwendung	300.–

Verbuchung der Gewinnverwendung

	Gewinnvortrag	
	Soll	Haben
Bilanz/Gewinnvortrag		10 800.–
Gewinnvortrag/Reserven	500	
Gewinnvortrag/Dividenden[2]	10 000	
Gewinnvortrag/Bilanz	300	
	10 800	10 800

---

[1] Die gesetzlichen Reserven sind in OR 671ff. detailliert geregelt. Am wichtigsten sind folgende Bestimmungen:

▷ Die Grundregel verlangt, dass vom Jahresgewinn 5% den gesetzlichen Reserven zuzuweisen sind, bis diese 20% des einbezahlten Aktienkapitals erreichen.

▷ Eine weitere Vorschrift verlangt die zusätzliche Reservezuweisung von 10% der Beträge, die nach Bezahlung einer Dividende von 5% als weitere Gewinnanteile ausgerichtet werden.

Der Gesetzgeber bezweckt mit der Vorschrift zur Bildung von Reserven, dass ein Teil des Gewinnes nicht an die Aktionäre ausgeschüttet, sondern von der AG zurückbehalten wird, was zur Schonung ihrer flüssigen Mittel beiträgt und zur Stärkung des Eigenkapitals führt (so genannte Selbstfinanzierung).

[2] Dividenden stellen eine Schuld der Aktiengesellschaft gegenüber den Aktionären dar. Das Dividendenkonto gehört deshalb zum (kurzfristigen) Fremdkapital. Siehe Beispiel 3.

Beispiel 3

Die Verbuchung der Dividendenauszahlung

An der Generalversammlung vom 23. April 20_2 wurde in Beispiel 2 eine Dividenden-ausschüttung von Fr. 10000.– beschlossen und in der Buchhaltung als kurzfristige Schuld ausgewiesen.

Am 26. April 20_2 wird die Dividende ausbezahlt. Auch hier ist die Aktiengesellschaft nicht ganz frei: Gemäss Art.10 des Bundesgesetzes über die Verrechnungssteuer ist die Aktiengesellschaft verpflichtet, eine Verrechnungssteuer (VSt) von 35% abzuziehen und innert 30 Tagen an die eidg. Steuerverwaltung zu überweisen. Den Aktionären darf nur die Nettodividende von 65% ausbezahlt werden:

Bruttodividende	10 000.–	100%
./. Verrechnungssteuer	3 500.–	35%
= Nettodividende	6 500.–	65%

Der folgende Ausschnitt aus Journal und Hauptbuch zeigt die Dividendenzuweisung sowie die Abwicklung der Dividendenauszahlung:

Datum	Geschäftsfall	Buchungssatz	Bank		Kreditor VSt		Dividenden	
23.04.20_2	Dividendenzuweisung	Gewinnvortrag/ Dividenden						10 000
26.04.20_2	Auszahlung der Nettodividende	Dividenden/Bank	6 500				6 500	
26.04.20_2	Gutschrift der Verrechnungssteuer	Dividenden/ Kreditor VSt				3 500	3 500	
25.05.20_2	Überweisung der VSt an die eidg. Steuerverwaltung	Kreditor VSt/Bank	3 500	3 500				
				3 500	3 500		10 000	10 000

Nach diesen Buchungen sind die beiden Konten Kreditor VSt und Dividenden ausgeglichen.

23

24

Gesellschaft mit beschränkter Haftung

Nach OR 772 ist die Gesellschaft mit beschränkter Haftung (GmbH) eine personenbezogene Kapitalgesellschaft mit eigener Rechtspersönlichkeit (juristische Person), an der eine oder mehrere Personen beteiligt sind.[1]

Der Name GmbH rührt daher, dass für die Schulden nur das Gesellschaftsvermögen haftet; es besteht wie bei der Aktiengesellschaft keine persönliche Haftung für die Gesellschafter.

Das Gesellschaftskapital wird Stammkapital genannt. Es muss mindestens Fr. 20 000.– betragen und voll einbezahlt oder durch Sachanlagen gedeckt sein.

Jeder Gesellschafter ist mit einer Einlage (Stammeinlage) am Stammkapital beteiligt. Die Gesellschafter werden mit ihren Stammeinlagen im Handelsregister eingetragen und publiziert.

Das oberste Organ der GmbH ist die **Gesellschafterversammlung.** Das Stimmrecht der Gesellschafter bemisst sich nach der Höhe ihrer Stammeinlagen.

Die **Geschäftsführung** obliegt grundsätzlich allen Gesellschaftern gemeinsam.

Weil die Gesellschafter normalerweise ein unbeschränktes Einsichtsrecht in sämtliche Geschäftsbücher haben, ist die Revisionsstelle nicht obligatorisch.

Die Buchführung bei der GmbH ist ähnlich wie bei der Aktiengesellschaft:

▷ Ein Unterschied besteht im Eigenkapital, das gegliedert wird in:

> **Stammkapital**
> Reserven
> Gewinnvortrag

▷ Die für Aktiengesellschaften geltenden Bestimmungen über die Bilanz und die Reservefonds finden auch auf die GmbH Anwendung.

▷ Für die Gesellschafter werden oft Kontokorrentkonten geführt, die entweder als Forderungen oder Schulden der Gesellschaft gegenüber den Gesellschaftern zu bilanzieren sind.[2]

---

[1] Die obligationenrechtlichen Bestimmungen zur GmbH wurden revidiert und treten voraussichtlich auf 1. Juli 2007 in Kraft.

[2] Dies im Unterschied zu den Privatkonten der Kollektivgesellschaft, die zum Eigenkapital gehören. Der Unterschied rührt daher, dass die GmbH als juristische Person eine eigene Rechtspersönlichkeit besitzt.

25

Abschreibungen

Sachanlagen wie Maschinen, Mobiliar, EDV-Anlagen oder Fahrzeuge, die während mehrerer Jahre genutzt werden können, verbucht man beim Kauf als Zunahme der Aktiven. Die Verbuchung erfolgt zum Anschaffungswert, d.h. zum Einkaufspreis zuzüglich Bezugskosten (Fracht, Zoll, Transportversicherung) und Montagekosten:

Anlagevermögen /	Flüssige Mittel
(+ Aktiven)	(– Aktiven)

Im Verlaufe der Zeit vermindert sich der Wert dieser Sachanlagen. Die wichtigsten **Ursachen** für die Wertabnahmen im Sachanlagevermögen sind:

▷ die Abnützung durch den Gebrauch (z.B. bei einer Maschine oder einem Fahrzeug)

▷ der technische Fortschritt (z.B. bei einer EDV-Anlage)

In der Buchhaltung werden die Wertverminderungen auf den Sachanlagen als Aufwand über die Abschreibungen verbucht:[1]

Abschreibungen /	**Anlagevermögen**
(+ Aufwand)	(– Aktiven)

Mit der Verbuchung der Abschreibungen werden folgende **Zwecke** verfolgt:

▷ Das Anlagevermögen soll in der Bilanz in der richtigen Höhe dargestellt werden.

▷ Der Gewinn bzw. der Verlust soll in der Erfolgsrechnung periodengerecht ermittelt werden.[2]

▷ Die flüssigen Mittel für den Ersatz des Anlagevermögens sollen sichergestellt werden.[3]

---

[1] Die Anlagen entwerten sich in Wirklichkeit fortlaufend; in der Buchhaltung werden die Wertverminderungen in der Regel nur am Ende einer Periode erfasst.

[2] Durch die Verbuchung des Abschreibungsaufwandes werden die Anschaffungskosten anteilsmässig jenen Rechnungsperioden belastet, in denen sich die Sachgüter entwertet haben.

[3] Indem die Abschreibungskosten in die Verkaufspreise eingerechnet werden, fliessen sie über die Verkaufserlöse als liquide Mittel in die Unternehmung zurück. Damit sollen die finanziellen Mittel für die Neuanschaffung der Anlagen am Ende der Nutzungsdauer erwirtschaftet werden.

Um den jährlichen **Abschreibungsbetrag** zu berechnen, müssen folgende Grössen bekannt sein:

▷ Der **Anschaffungswert**

▷ Die geschätzte **Nutzungsdauer,** d.h. die Zeit, während der eine Anlage wirtschaftlich genutzt werden kann.

▷ Der erwartete **Liquidationswert.**[1] Das ist der voraussichtliche Restwert einer Anlage am Ende der Nutzungsdauer. Für die Ermittlung des Abschreibungsbetrags wird er nur berücksichtigt, wenn er wertmässig ins Gewicht fällt und annähernd geschätzt werden kann.

Der jährliche Abschreibungsbetrag hängt auch vom gewählten Abschreibungsverfahren ab:

Lineare (gleichmässige) Abschreibung	Degressive (abnehmende) Abschreibung
Bei der linearen Abschreibung bleibt der Abschreibungsbetrag von Jahr zu Jahr gleich, weil angenommen wird, dass sich die Anlage fortlaufend und gleichmässig (linear) entwertet. Damit werden die Werteinbussen gleichmässig auf die Perioden der Nutzungsdauer verteilt.	Bei der degressiven Abschreibung wird der Abschreibungsbetrag von Jahr zu Jahr kleiner. Dies ist dann zweckmässig, wenn sich eine Anlage in der ersten Zeit der Nutzung besonders stark entwertet (z.B. Computer oder Fahrzeuge).
Basis für die Berechnung der linearen Abschreibungen ist der Anschaffungswert.	Basis für die Berechnung der degressiven Abschreibungen ist im ersten Jahr der Anschaffungswert und in den Folgejahren der Buchwert.[2]
Zur Ermittlung des jährlichen Abschreibungssatzes teilt man 100% durch die Anzahl Jahre der Nutzungsdauer.	Der jährliche Abschreibungssatz ist gegenüber der linearen Abschreibung meistens doppelt so hoch.

Diese beiden Abschreibungsverfahren können mit den folgenden Beispielen illustriert werden:

---

[1] Liquidieren bedeutet: gegen Bargeld (= flüssige oder liquide Mittel) verkaufen.

[2] Unter Buchwert einer Anlage versteht man den Restwert gemäss Buchhaltung.

Beispiel 1

Lineare Abschreibung (Abschreibung vom Anschaffungswert)

Bei einer Maschine beträgt der Kaufpreis Fr. 95 000.–. Zusätzlich fallen Bezugs- und Montagekosten von Fr. 5 000.– an. Es wird mit einer Nutzungsdauer von 5 Jahren gerechnet und erwartet, dass am Ende der Nutzungsdauer kein Liquidationswert mehr besteht.

Anschaffungswert	Fr. 100 000.–
Nutzungsdauer	5 Jahre
Liquidationswert	Fr. 0.–
Abschreibungssatz	20% vom Anschaffungswert

Die Abschreibungsbeträge und Buchwerte lassen sich in der Praxis am besten mithilfe einer Tabelle ermitteln:

Jahr	Buchwert Anfang Jahr	Abschreibungsbetrag	Buchwert Ende Jahr
1	Fr. 100 000.–	20% von Fr. 100 000.– = Fr. 20 000.–	Fr. 80 000.–
2	Fr. 80 000.–	20% von Fr. 100 000.– = Fr. 20 000.–	Fr. 60 000.–
3	Fr. 60 000.–	20% von Fr. 100 000.– = Fr. 20 000.–	Fr. 40 000.–
4	Fr. 40 000.–	20% von Fr. 100 000.– = Fr. 20 000.–	Fr. 20 000.–
5	Fr. 20 000.–	20% von Fr. 100 000.– = Fr. 20 000.–	Fr. 0.–

Grafisch werden die Abschreibungsbeträge und Buchwerte wie folgt dargestellt:

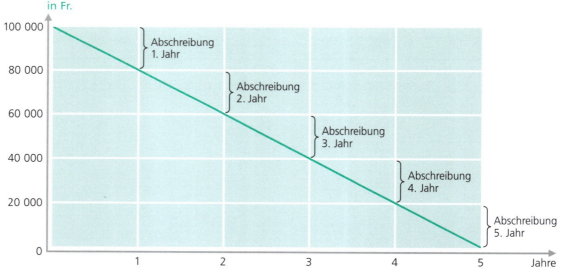

▷ Bei der linearen Abschreibung ist der Abschreibungsbetrag jedes Jahr gleich hoch, sodass die Entwertung der Anlage grafisch als Linie erscheint.

▷ Einen jährlich gleich grossen Abschreibungsbetrag erhält man, wenn mit einem konstanten Abschreibungssatz vom Anschaffungswert gerechnet wird.

▷ Die lineare Abschreibungsmethode ist rechnerisch einfach und ist dann angezeigt, wenn sich eine Anlage gleichmässig entwertet.

| Beispiel 2 | **Degressive Abschreibung (Abschreibung vom Buchwert)** |

Grundlage für die Ermittlung des Abschreibungsbetrags ist dieselbe Maschine wie in Beispiel 1. Aber das Abschreibungsverfahren ist hier degressiv.

Anschaffungswert	Fr. 100 000.–
Nutzungsdauer	5 Jahre
Liquidationswert	Fr. 0.–
Abschreibungssatz	40% vom Buchwert

Die Abschreibungsbeträge und Buchwerte lassen sich mithilfe einer Tabelle ermitteln:

Jahr	Buchwert Anfang Jahr	Abschreibungsbetrag	Buchwert Ende Jahr
1	Fr. 100 000.–	40% von Fr. 100 000.– = Fr. 40 000.–	Fr. 60 000.–
2	Fr. 60 000.–	40% von Fr. 60 000.– = Fr. 24 000.–	Fr. 36 000.–
3	Fr. 36 000.–	40% von Fr. 36 000.– = Fr. 14 400.–	Fr. 21 600.–
4	Fr. 21 600.–	40% von Fr. 21 600.– = Fr. 8 640.–	Fr. 12 960.–
5	Fr. 12 960.–	40% von Fr. 12 960.– = Fr. 5 184.–	Fr. 7 776.–

Grafisch werden die Abschreibungsbeträge und Buchwerte wie folgt dargestellt:

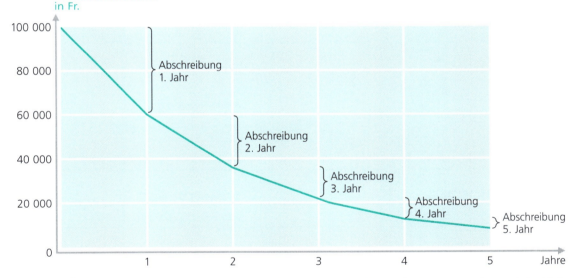

▷ Bei der degressiven Abschreibung wird der Abschreibungsbetrag von Jahr zu Jahr kleiner.

▷ Den für jedes Jahr unterschiedlichen Abschreibungsbetrag erhält man, wenn mit einem konstanten Abschreibungssatz vom Buchwert gerechnet wird.

▷ Die degressive Abschreibungsmethode ist rechnerisch aufwändiger und trägt dem Umstand besser Rechnung, dass sich viele Sachgüter in den ersten Jahren des Gebrauchs stärker entwerten als in späteren Jahren.

▷ Die degressive Abschreibung führt rechnerisch nie auf einen Buchwert von Fr. 0.–. In der Praxis schreibt man deshalb im letzten Jahr der Nutzung mehr ab, als sich rein rechnerisch ergäbe. (Im Beispiel müssten im 5. Jahr Fr. 12 960.– abgeschrieben werden, um am Ende der Nutzungsdauer den Buchwert von Fr. 0.– zu erreichen.)

Unabhängig davon, ob linear oder degressiv abgeschrieben wird, kann die Wertverminderung in der Buchhaltung entweder **direkt** auf dem betreffenden Anlagekonto oder **indirekt** durch Bildung eines Wertberichtigungskontos zum Ausdruck gebracht werden. Der Unterschied in der Verbuchungstechnik zwischen direkter und indirekter Abschreibung wird in den Beispielen 3 und 4 anhand folgender Maschine gezeigt:

Anschaffungswert der Maschine (Kauf Ende 20_0)	Fr. 64 000.–
Nutzungsdauer	3 Jahre
Liquidationswert nach 3 Jahren	Fr. 4 000.–
Abschreibungsverfahren	linear[1]

Beispiel 3   Direkte Abschreibung

20_1

Maschinen (Aktivkonto)

A	64 000	S	20 000
			44 000
	64 000		64 000

Abschreibungen (Aufwandskonto)

	20 000	S	20 000
	20 000		20 000

Schlussbilanz 31. 12. 20_1

Maschinen	44 000	

Erfolgsrechnung 20_1

Abschreibung	20 000	

20_2

Maschinen

A	44 000	S	20 000
			24 000
	44 000		44 000

Abschreibungen

	20 000	S	20 000
	20 000		20 000

Schlussbilanz 31. 12. 20_2

Maschinen	24 000	

Erfolgsrechnung 20_2

Abschreibung	20 000	

20_3

Maschinen

A	24 000	S	20 000
			4 000
	24 000		24 000

Abschreibungen

	20 000	S	20 000
	20 000		20 000

Schlussbilanz 31. 12. 20_3

Maschinen	4 000	

Erfolgsrechnung 20_3

Abschreibung	20 000	

[1] Der Abschreibungsbetrag könnte auch nach dem degressiven Abschreibungsverfahren ermittelt werden; auf die Technik der Verbuchung hat dies keinen Einfluss.

Beispiel 4   Indirekte Abschreibung

20_1

Maschinen (Aktivkonto)				
A	64 000			
		S		64 000
	64 000			64 000

Wertberichtigung Maschinen (Minus-Aktivkonto)①				
				20 000
S	20 000			
	20 000			20 000

Abschreibungen (Aufwandskonto)			
20 000		S	20 000
20 000			20 000

Schlussbilanz 31. 12. 20_1

Maschinen	64 000②		
./. Wertber.	– 20 000③	44 000④	

Erfolgsrechnung 20_1

Abschreibungen	20 000	

20_2

Maschinen			
A	64 000		
		S	64 000
	64 000		64 000

Wertberichtigung Maschinen			
		A	20 000
S	40 000	20 000	
	40 000		40 000

Abschreibungen			
20 000		S	20 000
20 000			20 000

Schlussbilanz 31. 12. 20_2

Maschinen	64 000②		
./. Wertber.	– 40 000③	24 000④	

Erfolgsrechnung 20_2

Abschreibungen	20 000	

20_3

Maschinen			
A	64 000		
		S	64 000
	64 000		64 000

Wertberichtigung Maschinen			
		A	40 000
S	60 000	20 000	
	60 000		60 000

Abschreibungen			
20 000		S	20 000
20 000			20 000

Schlussbilanz 31. 12. 20_3

Maschinen	64 000②		
./. Wertber.	– 60 000③	4 000④	

Erfolgsrechnung 20_3

Abschreibungen	20 000	

① bis ④ Die Fussnoten sind auf der nächsten Seite.

29

Die Unterschiede zwischen direkter und indirekter Abschreibung können wie folgt zusammengefasst werden:

Verbuchungstechnik

Direkte Abschreibung	**Indirekte Abschreibung**
Diese Verbuchungstechnik heisst direkte Abschreibung, weil die Wertverminderung direkt auf dem Aktivkonto ausgebucht wird.	Diese Verbuchungstechnik heisst indirekte Abschreibung, weil die Wertverminderung nicht direkt auf dem Aktivkonto, sondern indirekt auf einem Wertberichtigungskonto (einem Minus-Aktivkonto) verbucht wird.
Der Buchungssatz für die Abschreibungen lautet: Abschreibungen / Maschinen.	Der Buchungssatz für die Abschreibungen lautet: Abschreibungen / Wertberichtigung Maschinen.
In der Bilanz ist nur der Buchwert sichtbar.	In der Bilanz sind folgende Werte sichtbar: ▷ der Anschaffungswert ▷ die kumulierten Abschreibungen ▷ der Buchwert
Die direkte Abschreibung ist beliebt, weil sie einfach ist.	Die indirekte Abschreibung ist wohl komplizierter, dafür vermittelt sie dem Bilanzleser zusätzliche Informationen.
Die Erfolgsrechnung unterscheidet sich nicht gegenüber der indirekten Abschreibung.	Die Erfolgsrechnung unterscheidet sich nicht gegenüber der direkten Abschreibung.

Fussnoten zu Seite 29

① Das Konto Wertberichtigung Maschinen ist ein Minus-Aktivkonto; es wird im Kontenplan als Aktivkonto erfasst und in der Bilanz auf der Aktivseite aufgeführt. Die Buchungsregeln eines Minus-Aktivkontos sind hingegen dieselben wie bei einem Passivkonto:

Wertberichtigung Maschinen

Soll		Haben
Abnahmen –	Anfangsbestand	
Schlussbestand	Zunahmen +	

② In der Bilanz wird der **Anschaffungswert** der Maschinen ausgewiesen (weil im Konto Maschinen immer der Anschaffungswert nachgeführt wird).

③ In der Bilanz sind die **kumulierten Abschreibungen** ersichtlich, in der Erfolgsrechnung die Abschreibungen der betreffenden Periode. (Kumuliert heisst, wörtlich übersetzt, so viel wie angehäuft oder zusammengezählt. In der Buchhaltung versteht man unter kumulierten Abschreibungen die zusammengezählten, bisher insgesamt vorgenommenen Abschreibungen.)

④ Die Bilanz zeigt den **Buchwert** als Differenz zwischen dem Anschaffungswert und den kumulierten Abschreibungen.

Veräusserungsgewinne und -verluste

Beim Verkauf von Sachanlagen vor Ende der Nutzungsdauer ergibt sich meist eine Differenz zwischen dem erzielten Verkaufserlös und dem Buchwert (Wert gemäss Buchhaltung).

Beispiel 5

Veräusserungsgewinn

Ein nicht mehr benötigtes Fahrzeug mit einem Buchwert von 30 wird für 34 gegen bar verkauft, sodass sich ein Veräusserungsgewinn von 4 ergibt:

Anschaffungswert	100		Verkaufspreis	34
./. Kumulierte Abschreibungen	– 70		./. Buchwert	– 30
= Buchwert	30		= Veräusserungsgewinn	4

Verbuchung bei direkter Abschreibung

Text	Soll	Haben	Betrag
Verkaufserlös bar	Kasse	Fahrzeug	34
Veräusserungsgewinn	Fahrzeug	Abschreibungen[1]	4

Verbuchung bei indirekter Abschreibung

Text	Soll	Haben	Betrag
Verkaufserlös bar	Kasse	Fahrzeug	34
Veräusserungsgewinn	Wertberichtigung Fahrzeug[2]	Abschreibungen[1]	4
Ausbuchung Wertberichtigung	Fahrzeug	Wertberichtigung Fahrzeug	66

Veräusserungsverluste sind sinngemäss zu verbuchen.

---

[1] Für die Habenbuchung von 4 bestehen in der Praxis drei verschiedene Erfassungsmöglichkeiten:

▷ Die bisherigen Abschreibungen waren zu hoch, weshalb auf dem Konto **Abschreibungen** eine Aufwandsminderung erfasst wird (im obigen Beispiel so verbucht).

▷ Veräusserungsgewinne werden auf dem separaten Ertragskonto **Gewinne aus Veräusserung von Sachanlagen** (Konto 7900 im Kontenrahmen KMU) erfasst, damit das ordentliche Geschäftsergebnis nicht durch Sonderposten verfälscht wird. Dieser gesonderte Ausweis wird bei Aktiengesellschaften in OR 663 Abs. 2 verlangt.

▷ Sofern der Veräusserungsgewinn in seiner Art einmalig ist und in einem hohen Betrag anfällt, kann er auch als **ausserordentlicher Ertrag** (Konto 8000 im Kontenrahmen KMU) erfasst werden.

[2] Folgende Buchungen führen zum selben Ergebnis, sind aber methodisch weniger zu empfehlen, weil es sich beim Veräusserungsgewinn im Prinzip um eine Korrektur zu hoher Abschreibungen handelt:

Text	Soll	Haben	Betrag
Verkaufserlös bar	Kasse	Fahrzeug	34
Veräusserungsgewinn	Fahrzeug	Abschreibungen	4
Ausbuchung Wertberichtigung	Fahrzeug	Wertberichtigung Fahrzeug	70

26

Debitorenverluste, Delkredere

Debitorenverluste sind Ausfälle von Forderungen, vor allem infolge Zahlungsschwierigkeiten von Kunden. Je nachdem, ob der Verlust endgültig eingetreten ist (z.B. mit Konkursverlustschein) oder erst in Zukunft erwartet werden muss, erfolgt die buchhalterische Behandlung unterschiedlich:

Debitorenverluste

Endgültige Verluste	Mutmassliche Verluste
Der zahlungsunfähige Debitor und der erlittene Verlust sind bekannt. Die Abschreibung des Forderungsbetrages erfolgt beim Eintreten des Verlustes **direkt** über das **Debitorenkonto** und das Minus-Ertragskonto Debitorenverluste.[1]	Im Debitorenbestand sind erfahrungsgemäss eine Anzahl Forderungen enthalten, deren Zahlungseingang ungewiss ist. Ende einer Rechnungsperiode werden diese Verlustrisiken geschätzt und **indirekt** über das **Delkrederekonto** und das Minus-Ertragskonto Debitorenverluste abgeschrieben.
Debitorenverluste / Debitoren	**Debitorenverluste / Delkredere**

Debitorenverluste stellen eine Erlösminderung dar, weshalb das Konto Debitorenverluste ein **Minus-Ertragskonto** ist, das dieselben Buchungsregeln wie ein Aufwandskonto aufweist.

Das **Delkredere ist eine Wertberichtigung zum Konto Debitoren,** deshalb auch Wertberichtigung Debitoren genannt. Es ist ein **Minus-Aktivkonto** wie das Wertberichtigungskonto bei der indirekten Abschreibung und unterliegt denselben Buchungsregeln wie ein Passivkonto.

Im Gegensatz zu den Abschreibungen definitiver Verluste, bei denen die einzelnen Debitoren und die Höhe des erlittenen Verlustes bekannt sind, kennt man bei der indirekten Abschreibung in der Regel die Kunden noch nicht, welche der Unternehmung Verluste zufügen werden. Eine direkte Abschreibung bei den einzelnen Debitoren ist deshalb nicht möglich.

Wie hoch das Delkredere veranschlagt werden soll, beruht auf Erfahrungszahlen. Abhängig von Branche und Konjunkturlage, bewegt sich der Prozentsatz bei inländischen Debitoren meist zwischen 0% und 5%, bei ausländischen zwischen 0% und 10%.

Das Delkredere ist ein ruhendes Konto, d.h., es wird während des Jahres nicht verändert und erst beim Abschluss dem neuen Debitorenbestand angepasst.

Beispiel — Debitorenverluste, Delkredere

Die Volkart AG wurde neu gegründet. Der Verkehr mit den Debitoren während des Jahres ist summarisch dargestellt (alle Zahlen in Fr. 1000.–).

Vorgänge	Bilanz				Erfolgsrechnung	
1. Jahr	**Debitoren (Aktivkonto)**		**Delkredere (Minus-Aktivkonto)**		**Debitorenverluste (Minus-Ertragskonto)**	
Bisheriger Geschäftsverkehr	406	300				
Debitor Müller macht Konkurs. Der definitive Verlust beträgt 6.		6				6
Bildung bzw. Erhöhung Delkredere Am Jahresende wird auf dem Debitorenbestand ein Delkredere von 5% gebildet.				5	5	
Salden		100	5			11
	406	406	5	5	11	11

Schlussbilanz		Erfolgsrechnung	
Debitoren 100 ./. Delkredere – 5 95			Debitoren-Verlust –11

Vorgänge	Bilanz				Erfolgsrechnung	
2. Jahr	**Debitoren**		**Delkredere**		**Debitorenverluste**	
Eröffnung	100			5		
Lieferungen an Kunden	600					
Zahlungen von Kunden		630				
Kundin Hauri macht Konkurs. Der definitive Verlust beträgt 10.		10			10	
Verminderung Delkredere Die mutmasslichen Verluste auf dem Debitorenbestand betragen 5%[1]			2			2
Salden		60	3			8
	700	700	5	5	10	10

Schlussbilanz		Erfolgsrechnung	
Debitoren 60 ./. Delkredere – 3 57			Debitoren-Verlust – 8

Sowohl die endgültigen als auch die mutmasslichen Debitorenverluste werden im Soll des Minus-Ertragskontos Debitorenverluste verbucht.

[1] Das neue Delkredere beträgt 5% von 60 = 3. Das bisherige Delkredere muss also um 2 herabgesetzt werden, und zwar mit der Umkehrbuchung **Delkredere / Debitorenverluste.**

27

Transitorische Konten und Rückstellungen

Transitorische Aktiven und Passiven

In der Erfolgsrechnung werden Aufwand und Ertrag einer bestimmten **Rechnungs-periode** einander gegenübergestellt. Es kommt in der Praxis allerdings vor, dass in den Aufwands- und Ertragskonten

▷ Beträge verbucht worden sind, die erst die nächste Rechnungsperiode betreffen, oder

▷ Beträge fehlen, die noch das Ergebnis der laufenden Rechnungsperiode beeinflussen sollen.

Darum muss vor dem Jahresabschluss die so genannte **Rechnungsabgrenzung** durch-geführt werden, d.h., die nicht periodengerecht verbuchten Aufwände und Erträge müssen mit **transitorischen Buchungen** an die Periode angepasst werden.[1]

Beispiel 1

Transitorische Aktiven

Für einen gemieteten Lagerraum zahlt eine 20_1 gegründete Unternehmung die Miete von Fr. 1200.– jeweils am 31. Oktober für ein Jahr zum Voraus.

Wenn die Buchhaltung am 31. Dezember abgeschlossen wird, muss der Mietaufwand wie folgt auf das laufende und das nächste Geschäftsjahr verteilt werden:

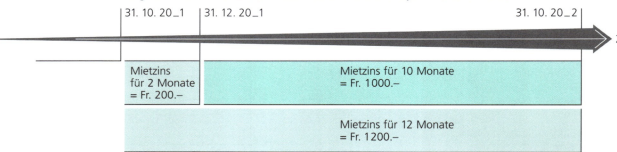

Am 31. Oktober 20_1 wurde der ganze Jahreszins von Fr. 1200.– als Mietaufwand ver-bucht. Weil der Mietzins das Jahr 20_1 aber nur für zwei Monate betrifft, dürfen 20_1 auch nur Fr. 200.– als Aufwand belastet werden. Vor dem Jahresabschluss sind deshalb Fr. 1000.– Aufwand auf das Jahr 20_2 zu übertragen.

---

[1] Das lateinische Wort «transire» bedeutet hinübergehen. Im Rechnungswesen wird das Wort «transito-risch» für Geschäftsfälle verwendet, deren Wirkung über den Abschlussstichtag hinausgeht.

Buchungen 20_1

Datum	Text	Buchung	Konten			
			Transitorische Aktiven[①]		Mietaufwand	
31. 10.	Zahlung	Mietaufwand/Post			1 200	
31. 12.	Abgrenzung	Transitorische Aktiven/Mietaufwand	1 000			1 000
31. 12.	Salden			1 000		200
			1 000	1 000	1 200	1 200

Buchungen 20_2

Datum	Text	Buchung	Transitorische Aktiven		Mietaufwand	
1. 1.	Eröffnung	Transitorische Aktiven/Bilanz	1 000			
1. 1.	Rückbuchung[②]	Mietaufwand/Transitorische Aktiven		1 000	1 000	

Durch die Abgrenzung 20_1 erreicht man, dass sich die Zahlung von Fr. 1 200.– nur als Aufwand von Fr. 200.– auf das laufende Jahr auswirkt. Durch die Rückbuchung der Abgrenzung zu Beginn des folgenden Jahres werden die Fr. 1000.– dem Jahr 20_2 als Mietaufwand belastet. Das Konto Transitorische Aktiven ist nach der Rückbuchung ausgeglichen.

Das Konto transitorische Aktiven wird nur für den Jahresabschluss gebraucht.

Da es sich bei den transitorischen Aktiven immer um kurzfristige Forderungen handelt, werden sie in der Bilanz im Umlaufvermögen aufgeführt:

▷ entweder als Forderungen

▷ oder separat als aktive Rechnungsabgrenzung (Kontengruppe 130 im Kontenrahmen KMU).

[①] Das transitorische Aktivum stellt hier ein **Leistungsguthaben** dar: Diese Unternehmung hat das Recht, den Lagerraum noch weitere 10 Monate zu benutzen; der Mietzins dafür ist schon bezahlt.

Ein transitorisches Aktivum kann auch aus einem **Geldguthaben** bestehen: Ein Darlehensgläubiger zum Beispiel bucht am Jahresende den aufgelaufenen Marchzins mit der Buchung Transitorische Aktiven / Zinsertrag.

[②] Die Rückbuchung wird mit dem gegenüber der Abgrenzung umgekehrten Buchungssatz vorgenommen.

Beispiel 2 — Transitorische Passiven

Eine 20_1 gegründete Unternehmung nimmt ein Darlehen von Fr. 200 000.– auf, das jeweils am 30. September zu 6% p. a. verzinst werden muss.

Wird die Buchhaltung am 31. Dezember abgeschlossen, muss der Zinsaufwand wie folgt auf das erste und das zweite Geschäftsjahr verteilt werden:

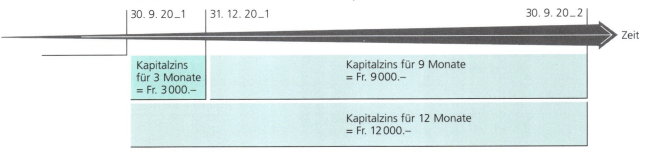

| | 30. 9. 20_1 | 31. 12. 20_1 | | 30. 9. 20_2 |

Kapitalzins für 3 Monate = Fr. 3 000.–

Kapitalzins für 9 Monate = Fr. 9 000.–

Kapitalzins für 12 Monate = Fr. 12 000.–

Da der erste Jahreszins von Fr. 12 000.– erst am 30. 9. 20_2 zur Zahlung fällig wird, wurden in dieser Unternehmung bis zum Jahresabschluss vom 31. 12. 20_1 noch keine Kapitalzinsen verbucht. Weil das Kapital im alten Jahr bereits drei Monate beansprucht worden ist, muss der entsprechende Marchzins für 20_1 als Aufwand und als Schuld verbucht werden.

Buchungen 20_1

Datum	Text	Buchung	Konten			
			Transitorische Passiven[1]		**Zinsaufwand**	
31. 12.	Abgrenzung	Zinsaufwand/Transitorische Passiven		3 000	3 000	
31. 12.	Salden		3 000			3 000
			3 000	3 000	3 000	3 000

Buchungen 20_2

			Transitorische Passiven		**Zinsaufwand**	
1. 1.	Eröffnung	Bilanz/Transitorische Passiven		3 000		
1. 1.	Rückbuchung[2]	Transitorische Passiven/Zinsaufwand	3 000			3 000
30. 9.	Zinszahlung	Zinsaufwand/Post			12 000	

Durch die Abgrenzung Ende 20_1 erreicht man, dass der anteilige Zinsaufwand von Fr. 3 000.– der alten Rechnungsperiode belastet wird. Mit der Rückbuchung der Abgrenzung zu Beginn des folgenden Jahres sowie der Verbuchung der Zinszahlung am 30. September werden der neuen Periode Fr. 9 000.– Zins belastet (Fr. 12 000.– ./. Fr. 3 000.–). Das Konto Transitorische Passiven ist nach der Rückbuchung ausgeglichen.

---

[1] Da es sich bei den transitorischen Passiven immer um kurzfristige Schulden handelt, werden sie als kurzfristiges Fremdkapital bilanziert. Das Konto transitorische Passiven wird nur für den Jahresabschluss gebraucht.

Das transitorische Passivum stellt hier eine **Geldschuld** dar: Diese Unternehmung hat das Kapital schon drei Monate beansprucht, aber noch keinen Zins bezahlt.

Ein transitorisches Passivum kann auch aus einer **Leistungsschuld** bestehen: Ein Vermieter bucht zum Beispiel am Jahresende den für das neue Jahr im Voraus erhaltenen Mietzins mit der Buchung Liegenschaftenertrag/Transitorische Passiven.

[2] Die Rückbuchung wird mit dem gegenüber der Abgrenzung umgekehrten Buchungssatz vorgenommen.

Übersicht über die transitorischen Konten

Es können folgende vier Fälle von transitorischen Abgrenzungen am Jahresende unterschieden werden:

Geschäftsfall	Rechnungsabgrenzung

Fall 1: Noch nicht bezahlter Aufwand

Ein im alten Geschäftsjahr 20_1 noch nicht verbuchter Aufwand ist noch dem alten Jahr 20_1 zu belasten.

Beispiel: Aufgelaufene Schuldzinsen

Fall 2: Noch nicht erhaltener Ertrag

Ein im alten Geschäftsjahr 20_1 noch nicht verbuchter Ertrag ist noch dem alten Jahr 20_1 gutzuschreiben.

Beispiel: Aufgelaufene Aktivzinsen

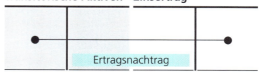

Fall 3: Vorausbezahlter Aufwand

Ein im laufenden Geschäftsjahr 20_1 verbuchter Aufwand ist ganz oder teilweise der nächsten Periode 20_2 zu belasten.

Beispiel: Vorausbezahlte Mietzinsen

Fall 4: Im Voraus erhaltener Ertrag

Ein im laufenden Geschäftsjahr 20_1 verbuchter Ertrag ist ganz oder teilweise der nächsten Periode 20_2 gutzuschreiben.

Beispiel: Im Voraus erhaltene Mietzinsen

Die transitorischen Buchungen sind stets **erfolgswirksam,** d.h., die Gegenbuchung zu den transitorischen Aktiven oder Passiven erfolgt immer auf einem Aufwands- oder Ertragskonto.

Buchungen über transitorische Konten erfolgen nur beim Jahresabschluss. Nach der Wiedereröffnung werden die transitorischen Aktiven und Passiven durch Umkehrung der Buchungssätze, die zu ihrer Bildung geführt haben, aufgelöst.

Rückstellungen

Der Gesetzgeber verlangt in OR 669 die Bildung von Rückstellungen, um «ungewisse Verpflichtungen und drohende Verluste aus schwebenden (noch nicht abgeschlossenen) Geschäften zu decken».

> **Rückstellungen sind Schulden (Fremdkapital), die am Bilanzstichtag hinsichtlich ihrer Höhe oder dem Zeitpunkt des Eintritts unbestimmt sind.**

Die Rückstellungen sind verwandt mit den transitorischen Passiven, weil beides zeitliche Abgrenzungen sind. Im Gegensatz zu den transitorischen Passiven, wo die Verbindlichkeit meist eindeutig bestimmbar ist, sind bei den Rückstellungen Unsicherheiten bezüglich Höhe und Zeitpunkt vorhanden. Ausserdem sind die meisten Rückstellungen eher mittel- bis langfristig, während die Transitorien immer kurzfristig sind.

Es gibt im Geschäftsleben viele Ereignisse, bei denen Rückstellungen gebildet werden müssen. Die wichtigsten Fälle sind:

Rückstellungen für ungewisse Verbindlichkeiten

▷ Rückstellungen für nach der Vertragserfüllung verbleibende Pflichten wie Service-leistungen, Nacharbeiten oder Garantiereparaturen

▷ Rückstellungen für Beseitigungs- oder Wiederherstellungspflichten (z. B. Abbruch eines Atomkraftwerks am Ende der Nutzungsdauer und Entsorgung der atomaren Abfälle)

▷ Rückstellungen für Steuern, die noch nicht veranlagt sind

▷ Rückstellungen für Prozessrisiken (Gerichtsverfahren)

Rückstellungen für drohende Verluste

▷ Rückstellungen für gewährte Bürgschaften

▷ Rückstellungen für schwebende Geschäfte

Rückstellungen für unterlassene Aufwendungen

▷ Rückstellungen für noch nicht vorgenommene Grossrevisionen

▷ Rückstellungen für unterlassenen Liegenschaftenunterhalt

Beispiele   Buchungen auf dem Rückstellungskonto

Datum	Geschäftsfall	Buchungssatz	Rückstellungen		Prozessaufwand	
01. 01.	Eröffnung①	Bilanz/Rückstellungen		200		
20. 03.②	Bildung einer Rückstellung für ein hängiges Gerichts-verfahren	Prozessaufwand/ Rückstellungen		70	70	
10. 06.	Auflösung einer früher ge-bildeten Rückstellung infolge Gerichtsentscheids zu unseren Gunsten	Rückstellungen/ Prozessaufwand③	40			40
08. 10.	Schadenersatzzahlung zulasten der Rückstellungen	Rückstellungen/Bank	80			
31. 12.	Abschluss (Salden)	Rückstellungen/Bilanz Erfolgsrechnung/ Prozessaufwand	150			30
			270	270	70	70

① Die transitorischen Schulden nehmen nach der Wiedereröffnung des neuen Geschäftsjahres rasch und mit Bestimmtheit ab, weshalb sie nach der Wiedereröffnung rückgebucht werden. Dies ist bei den Rückstellungen nicht der Fall, weshalb sie in der Buchhaltung stehen bleiben, bis das zugrunde liegende Geschäft definitiv erledigt ist (indem z. B. die Garantien geleistet worden sind oder ein Gerichtsverfahren abgeschlossen ist).

② Rückstellungen können entweder sofort bei Auftreten des entsprechenden Risikos verbucht werden oder dann spätestens beim Jahresabschluss.

③ Auflösungen von Rückstellungen werden in der Praxis oft über ausserordentlichen Ertrag verbucht, weil es sich in der Regel um einen periodenfremden Tatbestand handelt (periodenfremd heisst, die Bildung der entsprechenden Rückstellung erfolgte nicht in dieser Rechnungsperiode, sondern früher).

Analyse
des Jahresabschlusses

Zur **Beurteilung der wirtschaftlichen Lage einer Unternehmung** werden Bilanz und Erfolgsrechnung analysiert. Gründe dafür sind:

▷ Das Management analysiert die Stärken und Schwächen der Unternehmung.

▷ Eine Bank klärt die Kreditfähigkeit der Unternehmung ab.

▷ Investoren prüfen den Kauf von Aktien der Unternehmung.

Ausgangspunkt für die Analyse bilden gut gegliederte Bilanzen und Erfolgsrechnungen. Bestimmte Grössen in den Abschlussrechnungen sind für den geübten Bilanzleser von besonderem Interesse, weil sie in konzentrierter Form wesentliche Erkenntnisse über die finanzielle Situation ermöglichen. Man nennt solche Grössen **Kennzahlen.**

Eine vertiefte Analyse basiert vor allem auf der Bildung von **Verhältnisgrössen** (Prozentwerten) aus verschiedenen Teilen von Bilanz und Erfolgsrechnung. Beispiele für solche Kennzahlen sind Renditen, Margen oder prozentuale Angaben zur Bilanzstruktur.

In der Regel sagt *eine* Kennzahl alleine noch wenig über die wirtschaftliche Lage einer Unternehmung aus; erst im Verbund mit weiteren Kennzahlen ist eine fundierte Aussage möglich. Auch Vergleiche mit Kennzahlenwerten aus anderen Perioden und Vergleiche mit typischen Branchenwerten erhöhen die Aussagekraft einer Analyse.

Auf der nächsten Doppelseite wird die Berechnung von wichtigen Kennzahlen anhand eines Beispiels aufgezeigt. Dabei sind die Beziehungen zwischen den verschiedenen Grössen durch Pfeile angedeutet.

Beispiel — Bilanz- und Erfolgsanalyse

Von einem Handelsbetrieb sind folgende Abschluss-rechnungen in Fr. 1000.– bekannt:

Schlussbilanz 31. 12. 20_1

Aktiven			Passiven		
Umlaufvermögen			**Fremdkapital**		
Flüssige Mittel	100		Kreditoren	1 000	
Forderungen	700		Hypothek	1 400	2 400
Vorräte	600	1 400			
Anlagevermögen			**Eigenkapital**		
Einrichtungen	300		Aktienkapital	1 000	
Liegenschaft	2 300	2 600	Reserven	420	
			Gewinnvortrag	180	1 600
		4 000			4 000

Erfolgsrechnung 20_1 ①

Warenertrag (Umsatz, Verkaufserlös)		8 000
./. Warenaufwand		– 6 000
= Bruttogewinn		**2 000**
./. Personalaufwand		– 900
./. Abschreibungen		– 140
./. Übriger Aufwand		– 720
= Ergebnis vor Zinsen ②		**240**
./. Zinsaufwand		– 80
= (Rein-)Gewinn		**160**

① In der Praxis wird die Erfolgsrechnung im Geschäftsbericht meist als Bericht in Staffelform dargestellt (und nicht wie in der Buchhaltung üblich als Konto), weil sie auf diese Weise auch für den buchhalterisch wenig Geschulten gut lesbar ist.

② International hat sich für diese Grösse die Bezeichnung **EBIT** eingebürgert (Earnings before interest and taxes, operatives Ergebnis vor Zinsen und Steuern. Die Steuern werden in diesem Lehrbuch weggelassen).

Kennzahlen

1 Aktiven
(Vermögensstruktur, Investierung)

Intensität des Anlagevermögens
(Anlageintensität)

2 Passiven
(Kapitalstruktur, Finanzierung)

Fremdfinanzierungsgrad
(Fremdkapitalquote)

Eigenfinanzierungsgrad
(Eigenkapitalquote)

3 Liquidität
(Zahlungsbereitschaft)

Liquiditätsgrad 2

4 Anlagedeckung
(Goldene Bilanzregel)

Anlagedeckungsgrad 2

5 Kapitalrenditen

Rentabilität des Eigenkapitals

Rentabilität des Gesamtkapitals

6 Umsatzrenditen

Gewinnmarge

Bruttogewinnmarge

echnung			Zweck/Beurteilung
$\dfrac{\text{Anlagevermögen} \cdot 100\%}{\text{Gesamtvermögen}}$	$\dfrac{2\,600 \cdot 100\%}{4\,000}$	**65%**	Anlageintensität sollte branchenüblichen Wert nicht übersteigen. Höheres Anlagevermögen verursacht grössere Fixkosten wie Abschreibungen und Zinsen.
$\dfrac{\text{Fremdkapital} \cdot 100\%}{\text{Gesamtkapital}}$	$\dfrac{2\,400 \cdot 100\%}{4\,000}$	**60%**	Sicherung einer gesunden Finanzierung (Liquidität, Bonität) bei angemessener Rendite. Eigenkapitalquoten zwischen 30% und 60% sind üblich.
$\dfrac{\text{Eigenkapital} \cdot 100\%}{\text{Gesamtkapital}}$	$\dfrac{1\,600 \cdot 100\%}{4\,000}$	**40%**	
$\dfrac{(\text{Flüssige Mittel} + \text{Forderungen}) \cdot 100\%}{\text{Kurzfristiges Fremdkapital}}$	$\dfrac{(100 + 700) \cdot 100\%}{1\,000}$	**80%**	Gewährleistung der Zahlungsbereitschaft. Faustregel = 100%.
$\dfrac{(\text{enkapital} + \text{langfr. Fremdkapital}) \cdot 100\%}{\text{Anlagevermögen}}$	$\dfrac{(1\,600 + 1\,400) \cdot 100\%}{2\,600}$	**115%**	Langfristig investiertes Vermögen muss langfristig finanziert sein. Goldene Bilanzregel verlangt mindestens 100%.
$\dfrac{\text{Gewinn} \cdot 100\%}{\text{Eigenkapital}}$	$\dfrac{160 \cdot 100\%}{1\,600}$	**10%**	Eigenkapitalrendite muss höher sein als die Gesamtkapitalrendite, weil das Risiko für die Eigentümer am grössten ist. Faustregel = 8 bis 12%.
$\dfrac{(\text{Gewinn} + \text{Zinsen}) \cdot 100\%}{\text{Gesamtkapital}}$	$\dfrac{(160 + 80) \cdot 100\%}{4\,000}$	**6%**	Genügende Gesamtkapitalrendite ist für den Fortbestand der Unternehmung wichtig. Faustregel = 6 bis 10%.
$\dfrac{\text{Gewinn} \cdot 100\%}{\text{Umsatz}}$	$\dfrac{160 \cdot 100\%}{8\,000}$	**2%**	Ausreichende Gewinnmargen sind die Grundlage für genügende Kapitalrenditen. Werte sind stark branchenabhängig.
$\dfrac{\text{Bruttogewinn} \cdot 100\%}{\text{Umsatz}}$	$\dfrac{2\,000 \cdot 100\%}{8\,000}$	**25%**	

Kommentare zu diesen Kennzahlen finden Sie auf den nächsten Seiten.

Kommentare zu den Kennzahlen

In den folgenden Abschnitten werden die berechneten Kennzahlen in Bezug auf ihre Aussagekraft erläutert, wobei die «richtige» Höhe eines Kennzahlenwertes meist nicht allgemein gültig angegeben werden kann, da immer die besondere Situation der analysierten Unternehmung und branchentypische Eigenheiten berücksichtigt werden müssen. Insbesondere wäre es falsch, im Rahmen der Bilanz- und Erfolgsanalyse einfach gedankenlos Kennzahlen zu berechnen und diese anhand starrer Zielvorgaben zu interpretieren. Wichtig ist die Analyse der wirklichen wirtschaftlichen Vorgänge, die hinter den Zahlen stecken.

1 Intensität des Anlagevermögens

Mit dieser Kennzahl wird untersucht, wie gross der Anteil des Anlagevermögens am gesamten Vermögen ist. Allgemein gilt:

▷ Die Anlageintensität ist stark von der Branche abhängig: Handelsbetriebe (vor allem der Grosshandel) haben oft eine kleinere Intensität als Fabrikationsbetriebe (wobei je nach Art der Fabrikation grosse Unterschiede bestehen). Als besonders anlageintensiv gelten Unternehmungen der Elektrizitäts-, Gas- und Wasserversorgung, Transportunternehmungen und Hotels, bei denen Prozentwerte von etwa 70% bis 90% üblich sind.

▷ Ältere Unternehmungen haben gegenüber gleichartigen jüngeren infolge grösserer Abschreibungen eine geringere Anlageintensität.

▷ Unternehmungen mit gemieteten Geschäftsräumlichkeiten weisen eine tiefere Anlageintensität aus als solche mit eigenen Gebäuden.

▷ Eine hohe Anlageintensität hat grosse **Fixkosten**[1] in Form von hohen Abschreibungen und Kapitalzinsen zur Folge.

▷ Anlageintensive Betriebe sind eher unflexibel. Einmal getätigte Investitionen (Käufe von Anlagevermögen) lassen sich kurzfristig nicht rückgängig machen.[2]

2 Fremd- und Eigenfinanzierungsgrad

Diese Kennzahl gibt den prozentualen Anteil des Fremd- bzw. Eigenkapitals am Gesamtkapital an. Es genügt bei einer Bilanzanalyse, entweder den Fremdfinanzierungsgrad *oder* den Eigenfinanzierungsgrad zu berechnen; die beiden Werte ergeben zusammen 100%.

Grundsätzlich sinkt die Sicherheit einer Unternehmung mit zunehmender Fremdfinanzierung bzw. abnehmender Eigenfinanzierung, sodass die meisten Betriebe eine genügende **Eigenkapitalbasis von etwa 30% bis 60%** anstreben, um ihre Existenz nicht zu gefährden.

---

[1] Fixe Kosten sind feste Kosten. Sie verändern sich nicht, wenn die Produktionshöhe bzw. der Umsatz zu- oder abnimmt. Zum Problem werden Fixkosten vor allem dann, wenn sie bei rückläufigem Verkaufsumsatz nicht mehr gedeckt werden können und dadurch Verluste entstehen. Vgl. Kapitel 34 im dritten Band dieser Lehrbuchreihe.

[2] Tendenziell können Unternehmungen mit hoher Anlageintensität weniger flexibel auf Veränderungen auf den Märkten reagieren. Wird beispielsweise ein Hotel an einem bestimmten Ort gebaut, kann dieses nicht «gezügelt» werden, wenn sich herausstellt, dass die Touristen ein anderes Gebiet bevorzugen. Oder das einmal gebaute Eisenbahnnetz kann nicht von heute auf morgen verlegt werden, wenn infolge veränderter Siedlungsstrukturen und Produktionsstandorte neue Transportbedürfnisse entstehen.

Die wichtigsten Nachteile einer hohen Fremdfinanzierung sind:

▷ Durch eine höhere Verschuldung verschlechtert sich die **Liquidität** (Zahlungsbereit-schaft) normalerweise, weil unabhängig vom Geschäftsergebnis hohe Fremdkapital-zinsen bezahlt werden müssen. Im Gegensatz dazu kann bei Eigenfinanzierung in schlechten Jahren auf Gewinnausschüttungen verzichtet werden, womit die Liquidität geschont wird. Zusätzlich wird die Liquidität durch die beim Fremdkapital bestehenden Rückzahlungsverpflichtungen beeinträchtigt.

▷ Eine höhere Verschuldung wirkt sich negativ auf die **Bonität** (Kreditfähigkeit und Kreditwürdigkeit) aus, sodass die finanzielle Flexibilität verloren geht, weil beispielsweise bei finanziellen Engpässen keine zusätzlichen Kredite mehr aufgenommen werden kön-nen. Eine schlechtere Bonität hat auch den Nachteil, dass Banken bei Krediten entspre-chend ihrem höheren Risiko einen deutlich höheren Zinsfuss anwenden.

▷ Durch eine zunehmende Verschuldung sinkt die **Unabhängigkeit** der Unternehmung gegenüber den Kreditgebern.

3 Liquiditätsgrad 2

Unter Liquidität wird die Fähigkeit der Unternehmung verstanden, ihre Zahlungsverpflich-tungen jederzeit erfüllen zu können. Die Erhaltung der Zahlungsbereitschaft ist für jeden Betrieb eine wichtige Zielsetzung, sind doch die meisten Konkurse auf Illiquidität (Zah-lungsunfähigkeit) zurückzuführen.

Der Liquiditätsgrad 2 ist die von Theorie und Praxis bevorzugte Kennzahl.[1]

Als **Faustregel** wird erwartet, dass der Liquiditätsgrad 2 etwa **100%** betragen sollte. Dies bedeutet, dass die flüssigen Mittel und die demnächst eingehenden Forderungen etwa gleich hoch sein sollten wie die bald fälligen Verpflichtungen. Vorausgesetzt wird dabei gleiche Fristigkeit bei den Forderungen wie beim kurzfristigen Fremdkapital.

4 Anlagedeckungsgrad 2

Unternehmungen achten darauf, dass das langfristig investierte Vermögen (das Anlage-vermögen) auch langfristig finanziert wird (durch Eigenkapital und langfristiges Fremd-kapital). Dieser Finanzierungsgrundsatz wird als **goldene Bilanzregel** bezeichnet.

Der Anlagedeckungsgrad 2[2] muss deshalb mindestens **100%** betragen.

---

[1] Nebst dem Liquiditätsgrad 2 gibt es auch noch den Liquiditätsgrad 1 (Flüssige Mittel : kurzfristiges Fremdkapital • 100% = 100 : 1000 • 100% = 10%) und den Liquiditätsgrad 3 (Umlaufvermögen : kurzfris-tiges Fremdkapital • 100% = 1400 : 1000 • 100% = 140%). Da deren Aussagegehalt gering ist, werden diese Kennzahlen in der Praxis kaum eingesetzt, sodass sie im Rahmen dieses Lehrmittels nicht behandelt werden.

[2] Es gibt auch einen Anlagedeckungsgrad 1 (Eigenkapital : Anlagevermögen • 100% = 1600 : 2600 • 100% = 62%). Da seine Bedeutung geringer ist als der Anlagedeckungsgrad 2, wird er hier nicht behandelt.

---

5 Rentabilität des Eigenkapitals bzw. des Gesamtkapitals

Die Kapitalgeber interessieren sich hauptsächlich für den Erfolg (Ergebnis), der mit dem eingesetzten Kapital erzielt wird. Die Rentabilität misst diesen Sachverhalt, indem sie als Prozentzahl das Verhältnis zwischen dem Ergebnis und dem eingesetzten Kapital angibt.

Aus der Sicht der Eigentümer einer Unternehmung steht die **Rentabilität des Eigenkapitals** im Vordergrund, da bei grösserer Rentabilität das Gewinnausschüttungspotenzial zunimmt und sich der Unternehmenswert generell erhöht, was sich beispielsweise bei Aktiengesellschaften in höheren Aktienkursen niederschlagen kann.

Die Eigenkapitalrendite muss deutlich über dem Zinsfuss für das Fremdkapital liegen, weil die Eigentümer ein höheres Risiko tragen als die Gläubiger. Ein Wert von **8 bis 12%** gilt allgemein als gut.

Bei der Berechnung der **Rentabilität des Gesamtkapitals** müssen zum Gewinn noch die Fremdkapitalzinsen hinzugezählt werden, da diese auch durch das investierte Gesamtkapital (d.h. das Eigen- und das Fremdkapital) erwirtschaftet worden sind. Deshalb werden Gewinn und Zinsen in der Erfolgsrechnung häufig als EBIT separat ausgewiesen.

Aus der Sicht der Unternehmungsführung ist die Gesamtkapitalrendite eine zentrale Kennzahl, weil sie ein Massstab für die Fähigkeit der Unternehmung ist, durch den Einsatz von Kapital wirtschaftliche Werte zu schaffen (Gewinne und Zinsen). Da diese Werterzeugung unabhängig von der Zusammensetzung des Kapitals gemessen wird, lassen sich mithilfe der Gesamtkapitalrendite auch Betriebe mit unterschiedlichen Fremd- und Eigenfinanzierungsgraden objektiv miteinander vergleichen.

Die Gesamtkapitalrendite liegt in der Praxis meist zwischen dem Zinsfuss für das Fremdkapital und der Eigenkapitalrendite. Als Faustregel können etwa **6 bis 10%** betrachtet werden.

Als Bezugsgrössen für die Renditeberechnung dienten in diesem Beispiel der Einfachheit halber das Eigenkapital bzw. das Gesamtkapital gemäss Schlussbilanz.

Wenn sich der Kapitaleinsatz während des Jahres erheblich verändert hat, nimmt man als Bezugsgrösse besser den **durchschnittlichen Kapitaleinsatz.** Dieser errechnet sich wie folgt:

Durchschnittliches Kapital	$\dfrac{\text{Anfangsbestand} + \text{Schlussbestand}}{2}$

Auch das Kapital zu Beginn eines Jahres eignet sich als Bezugsgrösse. Wichtig ist, dass bei der Berechnung von Kennzahlen die Stetigkeit gewahrt wird, d.h., die Berechnungsweise darf nicht von Jahr zu Jahr willkürlich verändert werden.

6 Reingewinn- und Bruttogewinnmargen

Der Nettoerlös aus dem Verkauf von Gütern und Dienstleistungen wird in der Praxis kurz als **Umsatz** bezeichnet. Für die meisten Unternehmungen ist die Erzielung eines hohen Umsatzes eine wichtige Zielsetzung, damit die anfallenden Aufwände gedeckt werden können und ein angemessener Gewinn erzielt werden kann. Die Analyse des Umsatzes mit Kennzahlen ist deshalb ein wichtiges Führungsinstrument.

Für den Eigentümer der Unternehmung ist massgeblich, was letztlich unter dem Strich als Ertragsüberschuss übrig bleibt, weshalb für ihn die **(Rein-)Gewinnmarge** eine bedeutsame Grösse zur Beurteilung der Ertragslage seiner Unternehmung ist.

Wie die Kennzahlentabelle auf der nächsten Seite zeigt, ist die Höhe der Gewinnmarge sehr branchenabhängig. Die meisten Werte liegen zwischen **0,5% und 5%.**

Die im Beispiel des Handelsbetriebs zweistufig dargestellte Erfolgsrechnung zeigt als Zwischenergebnis den Bruttogewinn. Die **Bruttogewinnmarge** gibt Auskunft darüber, wie viel Prozent vom Umsatz nach Abzug des Warenaufwandes zur Deckung des übrigen Aufwandes und zur Sicherung eines angemessenen Gewinns verbleiben.

Die Bruttogewinnmarge ist auch für die Kalkulation der Verkaufspreise wichtig.[1] Sie ist sehr branchenabhängig: In einer exklusiven Kleiderboutique kann sie schon mal über 60% betragen, während sich ein PC-Verkäufer vielleicht mit mageren 10% bescheiden muss.

---

[1] Die Kalkulation im Handel wird in Kapitel 34 im dritten Band dieser Lehrbuchreihe behandelt.

Kennzahlenwerte aus verschiedenen Branchen

Bei der Interpretation von Kennzahlen aus dem eigenen Betrieb ist der Vergleich mit den branchenüblichen Werten oft hilfreich.

Die folgende Tabelle mit Kennzahlenwerten aus der Praxis basiert auf den vom Bundesamt für Statistik jährlich publizierten Buchhaltungsergebnissen schweizerischer Unternehmungen, wie sie sich aufgrund von freiwilligen Erhebungen bei etwa 2 500 Betrieben ergeben[1]. Leider umfasst die Statistik nicht alle in diesem Lehrbuch besprochenen Kennzahlen.

Branche	Intensität des Anlagevermögens	Eigenfinanzierungsgrad	Liquiditätsgrad 2	Rendite des Eigenkapitals	Gewinnmarge
Energie- und Wasserversorgung	81%	23%	161%	6,1%	4,3%
Nahrungsmittel	49%	27%	82%	18,2%	2,4%
Bekleidung, Wäsche	33%	36%	143%	15,0%	4,3%
Holzbe- und -verarbeitung, Möbel	51%	27%	120%	6,0%	1,3%
Chemische Erzeugnisse	62%	46%	63%	14,0%	10,0%
Maschinen- und Fahrzeugbau	31%	31%	106%	12,4%	3,3%
Elektrotechnik, Elektronik	35%	26%	110%	13,7%	3,3%
Uhren, Bijouterie	15%	71%	548%	16,2%	17,7%
Bauhauptgewerbe	54%	20%	71%	− 8,3%	− 2,2%
Ausbaugewerbe	32%	24%	88%	4,6%	0,8%
Grosshandel	40%	25%	96%	13,8%	1,7%
Einzel-, Detailhandel	63%	23%	67%	4,2%	0,5%
Gastgewerbe	86%	21%	78%	3,2%	1,0%
Taxi, Carreisen, Strassenverkehr	67%	27%	117%	5,4%	2,2%
Reisebüro, Spedition	41%	20%	91%	10,5%	3,2%
Beratung, Planung, Informatik	38%	32%	126%	19,6%	7,0%
Wäscherei, Coiffeur, Kosmetik	43%	29%	126%	14,2%	2,6%
Privates Unterrichtswesen	64%	25%	92%	− 5,3%	− 1,3%

---

[1] Bundesamt für Statistik: Produktions- und Wertschöpfungsstatistik, Heft 6, Produktion, Handel und Verbrauch, Buchhaltungsergebnisse schweizerischer Unternehmungen.

Aufgaben

21

Der Jahresabschluss

Einzelunternehmung

21.01

In der **Buchhaltung** einer Einzelunternehmung werden für die Abwicklung des Verkehrs zwischen der Geschäftsinhaberin bzw. dem Geschäftsinhaber und der Unternehmung zwei Konten benötigt:

▷ Das **Eigenkapitalkonto** zeigt das der Unternehmung langfristig zur Verfügung gestellte Kapital.

▷ Im **Privatkonto** werden die laufend anfallenden Gutschriften und Bezüge des Geschäftsinhabers aufgezeichnet. Vor dem Jahresabschluss wird der Saldo des Privatkontos immer über das Eigenkapital ausgeglichen. Das Privatkonto erscheint deshalb nie in der Bilanz einer Einzelunternehmung.

T. Vonesch ist eine jung verwitwete Mutter von zwei schulpflichtigen Kindern. Als gelernte Schneiderin gründet sie als Einzelunternehmerin ein Nähatelier, um die knappe Witwen- und Halbwaisenrente aufzubessern. Sie bittet Sie um Abklärung folgender Fragen:

Nr.	Frage	Antwort
1	Wie ist die Firma (Name) für das Atelier von T. Vonesch zu bilden?	
2	Welche minimale Kapitaleinlage muss T. Vonesch leisten?	
3	Welche Bestimmungen bestehen für den Handelsregister-Eintrag?	
4	Wie haftet die Inhaberin einer Einzelunternehmung?	

Nr.	Frage	Antwort

5 — Frau Vonesch befürchtet ein buchhalterisches Chaos zwischen privaten Haushaltauslagen und Geschäftseinnahmen und -ausgaben. Mithilfe des Privatkontos kann sie die beiden Bereiche auf einfache Art trennen.

Setzen Sie die folgenden Geschäftsfälle im nebenstehenden Privatkonto richtig ein:

▷ Barbezüge

▷ Eigenzins

▷ Warenbezüge

▷ Eigenlohn

▷ Privatrechnungen durch Geschäft bezahlt

Privatkonto

Soll

Belastungen für	Gutschriften für

6 — Was bedeutet es, wenn das Privatkonto Ende Jahr einen Sollüberschuss aufweist?

7 — Weshalb wird der Geschäftsinhaberin ein Eigenlohn gutgeschrieben?

8 — Weshalb wird der Geschäftsinhaberin für das zur Verfügung gestellte Kapital ein Eigenzins gutgeschrieben?

9 — Das Unternehmereinkommen setzt sich aus Eigenlohn, Eigenzins und Gewinn zusammen. Kann durch die Gutschrift eines hohen Eigenzinses das Unternehmereinkommen erhöht werden?

10 — Inwiefern unterscheiden sich die Geschäftsfälle, die über das Privatkonto gebucht werden, von jenen, die über das Eigenkapitalkonto abgerechnet werden?

11 — Der Abschluss der Einzelunternehmung erfolgt buchhalterisch in drei Schritten. Wie lauten die Buchungen für diese Schritte?

1. Ausgleich des Privatkontos (Sollüberschuss)

2. Gewinnverbuchung

3. Saldo des Eigenkapitals auf die Bilanz

1. _____

2. _____

3. _____

12 — Weshalb erscheint das Eigenkapitalkonto in der Bilanz, das Privatkonto jedoch nicht?

21.02

Wie werden die folgenden typischen Geschäftsfälle in der Buchhaltung der Einzelunternehmung von T. Vonesch, Nähatelier, verbucht?

Journal

Nr.	Geschäftsfall	Buchungssatz		Betrag
		Soll	Haben	
1	Die Geschäftsinhaberin bezieht bar Fr. 1000.– für private Zwecke.			
2	Das Monatsgehalt von Fr. 3000.– wird Frau Vonesch gutgeschrieben (Eigenlohn).			
3	Die Monatsmiete von Fr. 720.– für das Geschäftslokal wird durch die Bank überwiesen.			
4	Die Krankenkassenprämien von Fr. 670.– für Familie Vonesch werden über das Postkonto des Geschäfts bezahlt.			
5	Für Inserate in der Lokalzeitung trifft eine Rechnung von Fr. 480.– ein.			
6	Der Tochter von Frau Vonesch werden für die gelegentliche Mitarbeit Fr. 400.– durch die Bank überwiesen.			
7	Frau Vonesch erhöht ihre Kapitaleinlage durch eine Bankeinzahlung von Fr. 10000.–.			
8	Für das Austragen von Werbeprospekten werden dem Sohn Florian Vonesch bar Fr. 250.– ausbezahlt.			
9	Frau Vonesch werden aus dem eigenen Sack bezahlte Repräsentationsspesen im Betrag von Fr. 600.– bar rückvergütet.			
10	Das Eigenkapital von Fr. 40000.– wird mit 7% verzinst (Eigenzins).			
11	Das Privatkonto Vonesch weist einen Habenüberschuss von Fr. 3400.– auf und ist auszugleichen.			
12	Die totalen Aufwände betragen Fr. 37500.–, die Erträge Fr. 42000.–. Der Erfolg ist über das Eigenkapital zu buchen.			

21.03

Für Landwirt R. Pfeiffer, Herstellung und Verkauf von Schafsmilchprodukten, ist der Geschäftsverkehr im Zusammenhang mit dem Privat- und dem Eigenkapitalkonto für das Jahr 20_1 summarisch dargestellt.

a) Verbuchen Sie die summarischen Beträge, und gleichen Sie das Privatkonto aus. Der Erfolg ist mit dem Eigenkapital zu verrechnen.

Vorgänge	Buchungssatz	Konten			
		Eigenkapital		**Privat**	
Eröffnung			100 000		
Gutschrift des Eigenlohns von Fr. 48 000.–					
Privatbezüge von Milchprodukten für Fr. 2 000.–					
Barbezug von R. Pfeiffer Fr. 55 000.–					
Eigenzins 5% vom Eigenkapital					
1. Schritt Privatkontoausgleich über das Eigenkapital					
				Erfolgsrechnung	
Total Jahresaufwand	Diverse			73 000	
Total Jahresertrag	Diverse				85 000
2. Schritt Erfolgsverrechnung mit dem Eigenkapital					
				Schlussbilanz	
Total Aktiven	Diverse			408 000	
Total Fremdkapital	Diverse				300 000
3. Schritt Eigenkapitalübertrag auf die Schlussbilanz					

b) Wie errechnet sich das Unternehmereinkommen von Landwirt R. Pfeiffer für das Jahr 20_1?

21.04

H. Rau hat sich vor kurzem als Unternehmungsberater selbstständig gemacht. Sein Gesamtvermögen setzt sich am 31. 12. 20_2 wie folgt zusammen (alle Zahlen in Fr. 1000.–):

Gesamtvermögen

Geschäftsvermögen	Privatvermögen

Bilanz vom 31. 12. 20_2

Liquide Mittel	20	Kreditoren	20
Debitoren	75	Bank	30
Mobilien	65	Darlehen	50
Fahrzeug	40	Eigenkapital	100
	200		**200**

Bilanz vom 31. 12. 20_2

Liquide Mittel	10	Kreditoren	20
Wertschriften	100	Hypotheken	480
Vorräte	2		
Autos	30	Reinvermögen	500
Immobilien	800		
Übriges AV	58		
	1 000		**1 000**

H. Rau möchte seine Unternehmung vergrössern und erhöht zu diesem Zweck am 1. 1. 20_3 seine Kapitaleinlage, indem er aus seinem Privatvermögen die Wertpapiere sowie die Immobilien mit den darauf lastenden Hypotheken auf das Geschäft überschreibt.

a) Wie lauten **im Geschäft** die Buchungen für die Vermögens- und Schuldüberführung?

	Buchungssatz		Betrag
	Soll	Haben	
Überschreibung Wertpapiere			
Überschreibung Immobilien			
Überschreibung Hypothek			

b) Erstellen Sie die Geschäfts- und die Privatbilanz nach der Überführung vom 1. 1. 20_3.

Geschäft		Privat	

Bilanz vom 1. 1. 20_3

Bilanz vom 1. 1. 20_3

c) Wie hoch ist das Reinvermögen vor und nach der Überführung?

	Vor Überführung	Nach Überführung
Eigenkapital Geschäft		
Reinvermögen privat		
Gesamtvermögen		

21.05

Bestimmen Sie die fehlenden Grössen in der folgenden Tabelle (alle Beträge in Fr. 1000.–):

Nr.	Eigenkapital vor Abschlussbuchungen	Privatkonto		Erfolg (Gewinn+/ Verlust –)	Eigenkapital nach Abschlussbuchungen
		Sollüberschuss	Habenüberschuss		
1	100		8	+ 15	
2	90	15		+ 26	
3	60	7		– 10	
4	150		27	– 13	
5	80	12			88
6	120			+ 18	110
7	200		20		206
8		33		+ 25	100
9			55	+ 24	189
10	320			– 38	272
11	560			+ 64	700
12	440	11			480

21.06

Folgende Grössen sind in den skizzierten Konten in die richtigen Felder einzusetzen:

▷ Anfangsbestand
▷ Kapitalerhöhung
▷ Eigenlohn
▷ Barbezüge
▷ Privater Warenbezug
▷ Zahlung von Privatrechnungen
▷ Eigenzins
▷ Ausgleich Privatkonto
▷ Verlust aus Erfolgsrechnung
▷ Schlussbestand

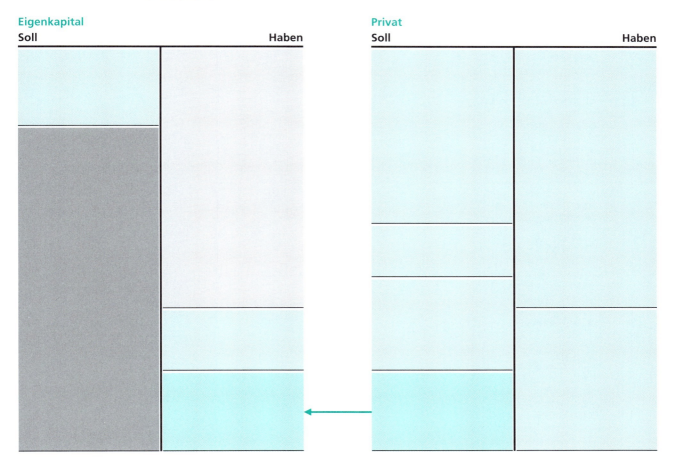

21.07

Die Einzelunternehmung des Plattenlegers Louis Lang weist für das Jahr 20_1 einen Gewinn aus von Fr. 40 000.–. Vor dem Ausgleich über das Eigenkapitalkonto wies das Privatkonto einen Sollüberschuss von Fr. 3000.– auf.

Beantworten Sie die folgenden Fragen zu dieser Unternehmung:

Nr.	Frage	Antwort
1	Wie lautet die Buchung mit Betrag für den Ausgleich des Privatkontos?	
2	Mit welchem Eigenkapital hat Louis Lang das Jahr begonnen, wenn am Jahresende 20_1 das Eigenkapital mit Fr. 127 000.– in der Schlussbilanz erscheint?	
3	Wie gross waren die totalen Bezüge von Louis Lang, wenn der Anfangsbestand des Eigenkapitals zu 5% verzinst wurde und seine Lohngutschriften Fr. 72 000.– ausmachten?	
4	Wie würde sich der Gewinn verändern, wenn Louis Lang sein Eigenkapital mit 8% verzinste?	
5	Welchen Einfluss hätte die höhere Eigenkapitalverzinsung auf das Unternehmereinkommen?	
6	Wie hätte sich das Unternehmereinkommen verändert, wenn L. Lang am 30. Juni eine Kapitalerhöhung von Fr. 20 000.– gemacht und diese ebenfalls zu 5% verzinst hätte?	
7	Wie hätte sich das Unternehmereinkommen verändert, wenn L. Lang am 30. Juni statt eine Kapitalerhöhung durchzuführen ein Darlehen von Fr. 20 000.– zu 6% aufgenommen hätte?	

Journal und Konten zu 21.08

Nr.	Geschäftsfall
1	Übertrag
2	Barkauf von Dieseltreibstoff
3	Privatbezug ab Bankkonto des Geschäfts
4	
5	Postzahlung für Traktorreparatur
6	Bankzahlung einer Privatrechnung
7	Der alte Traktor wird gegen einen neuen eingetauscht. Der Aufpreis wird vorläufig geschuldet.
8	Zahlung der Steuerschulden von T. Leu durch Post
9	
10	
11	Bankzahlung an Traktorlieferant unter Abzug von 2% Skonto
12	Der Traktor wird abgeschrieben
13	Gutschrift Eigenzins 6%
14	Ausgleich des Privatkontos
15	
16	Saldoübertrag auf Schlussbilanz

21.08

T. Leu führt im Zürcher Oberland als Einzelunternehmer eine Fahrschule für landwirtschaftliche Motorfahrzeuge. Vervollständigen Sie das Journal der Einzelunternehmung T. Leu, und führen Sie das Privat- und das Eigenkapitalkonto. Die übrigen Konten sind frei wählbar.

...hungssatz	Haben	Betrag	Eigenkapital Soll	Eigenkapital Haben	Privatkonto Soll	Privatkonto Haben
	kein			100 000	65 000	80 000
		2 000.–				
		1 000.–				
...e	Fahrschulertrag	4 000.–				
		3 000.–				
		800.–				
		20 000.–				
		4 000.–				
...k	Eigenkapital	10 000.–				
	Fahrschulertrag	2 200.–				
		12 000.–				
		6 100.–				
...lgsrechnung		5 000.–				

21.09

Reto Casutt ist Skilehrer in Laax und hat per 1. November 20_3 die Einzelunternehmung Ski- und Snowboardschule Casutt gegründet. Für die neue Wintersaison stellte er seine Tochter Annina als Snowboardlehrerin an.

Vervollständigen Sie das Journal für die Monate November und Dezember, und führen Sie das Privat- und das Eigenkapitalkonto. R. Casutt verwendet folgenden Kontenplan:

Aktiven	Passiven
Kasse	Kreditoren
Bank	Eigenkapital
Schneeausrüstung	Privat

Aufwand	Ertrag
Lohnaufwand	Unterrichtsertrag
Unterhalt und Reparaturen	
Versicherungsaufwand	
Werbeaufwand	
Übriger Betriebsaufwand	
Zinsaufwand	
Abschreibungen	

Datum	Geschäftsfall
1. 11.	Kapitaleinlage auf die Graubündner Kantonalbank
1. 11.	Ski, Snowboard- und Schuhkauf (Schneeausrüstung). Zahlung mit EC-Karte über das Bankkonto
4. 11.	Bareinnahmen aus Abonnementverkauf für Ski- und Snowboardunterricht
11. 11.	Barbezug von Reto Casutt für Spesen
18. 11.	Rechnung der Werbeagentur für Prospektmaterial und Inserate
19. 11.	
20. 11.	Lohnzahlung durch die Bank für Annina Casutt
22. 11.	Für Reto Casutt werden Privatrechnungen durch die Bank bezahlt
24. 11.	Zahlung der Rechnung vom 18. 11. durch Banküberweisung
25. 11.	
29. 11.	Barbezug von Reto Casutt
30. 11.	Rechnung Meini Sport für textile Schneeausrüstung
1. 12.	Bankeinzahlung für verkaufte Unterrichtsabonnements
3. 12.	Barentschädigung von Spesen an ▷ Reto Casutt ▷ Annina Casutt
10. 12.	Kleiner Service für Skis und Snowboard bar bezahlt
11. 12.	
13. 12.	Bankbelastung für private Arztrechnung von Reto Casutt
15. 12.	Bareinnahmen aus Unterrichtstätigkeit
20. 12.	
22. 12.	Lohngutschrift für Reto Casutt
23. 12.	Zahlung an Kreditoren durch Banküberweisung
28. 12.	
31. 12.	Eigenzins 6% auf Kapitaleinlage
31. 12.	Abschreibung auf Schneeausrüstung
31. 12.	Ausgleich Privatkonto
31. 12.	Erfolgsverrechnung
31. 12.	Saldo auf Schlussbilanz

...hungssatz	Betrag	Eigenkapital		Privatkonto	
	10 000.–				
	2 560.–				
	8 555.–				
	400.–				
	835.–				
...k/Kasse	2 000.–				
	3 000.–				
	1 720.–				
...naufwand/Privat	4 000.–				
	3 000.–				
	2 440.–				
	5 870.–				
	500.–				
	400.–				
	90.–				
...icherungsaufwand/Kreditoren	440.–				
	365.–				
	2 140.–				
...naufwand/Bank	3 000.–				
	4 000.–				
	2 880.–				
...at/Kasse	2 500.–				
	500.–				

21.10

C. Benz betreibt ein kleines Zügelunternehmen in Winterthur.

Der summarisch zusammengefasste Geschäftsverkehr ist im Journal und im Hauptbuch zu verbuchen. Ende Jahr sind die Erfolgsrechnung sowie die Schlussbilanz zu erstellen. Alle Beträge sind in Fr. 1000.–.

Eröffnungsbilanz per 1. 1. 20_3

Aktiven				Passiven		
Umlaufvermögen			**Fremdkapital**			
Bank	6		Kreditoren	4		
Debitoren	12	18	Bankdarlehen	20	24	
Anlagevermögen			**Eigenkapital**			
Büroeinrichtung	8		Eigenkapital			
Fahrzeug	48	56			50	
		74			74	

Journal 20_3

Nr.	Geschäftsfall	Buchungssatz		Betrag
		Soll	Haben	
1	An Kunden versandte Rechnungen für ausgeführte Zügeldienste			230
2	Bankzahlungen von Kunden			210
3	Private Barbezüge des Geschäftsinhabers am Bancomaten			18
4	Lohnüberweisungen an einen Angestellten			50
5	Kauf eines neuen PCs fürs Büro gegen Rechnung			3
6	Privatrechnungen über das Bankkonto des Geschäfts bezahlt			14
7	Rechnungen für übrigen Aufwand			106
8	Bankzahlungen an Kreditoren			110
9	Bankbelastung für Darlehenszinsen (Zinstermin 31. 12., Zinsfuss 5% p.a.)			
10	Teilrückzahlung Bankdarlehen			15
11	Abschreibung Büroeinrichtung			2
12	Abschreibung Fahrzeug			8
13	Gutschrift Eigenlohn			70
14	Gutschrift Eigenzins 4% auf Anfangskapital			
15	Saldierung Privatkonto			
16	Verbuchung des Jahresverlusts			

Hauptbuch 20_3

Bank

Kreditoren

Personalaufwand

Transportertrag

Bankdarlehen

Zinsaufwand

Debitoren

Eigenkapital

Abschreibungen

Büroeinrichtung

Privat

Übriger Aufwand

Fahrzeug

Schlussbilanz nach Gewinnverbuchung 31. 12. 20_3

Erfolgsrechnung 20_3

21.11

Wie verbuchen Sie die genannten Geschäftsfälle in den Konten Eigenkapital und Privat?

Markieren Sie die Antworten, sofern zutref-
fend, mit **X**. Der Geschäftsfall Nr. 1 ist als
Muster bereits eingetragen.

Journal und Hauptbuch zu 21.12

Nr.	Geschäftsfälle	Eigenkapital		Privat	
		Soll	Haben	Soll	Haben
1	Eröffnungsbestand Eigenkapital		X		
2	Eröffnungsbestand Privat				
3	Langfristige Einlage durch den Geschäftsinhaber				
4	Privater Barbezug ab dem Bankkonto des Geschäfts				
5	Warenbezüge durch den Geschäftsinhaber				
6	Eigenlohn				
7	Privatanteil am Geschäftsauto				
8	Eigenzins				
9	Ausgleich Privatkonto (Sollüberschuss) Ende Jahr				
10	Übertrag des Jahresgewinnes				
11	Schlussbestand Eigenkapital				
12	Schlussbestand Privat				

Nr.	Geschäftsfall
1	Anfangsbestand Eigenkapital
2	Versand einer Rechnung für ausgeführte Beratungen
3	Bankzahlung für die Miete des Geschäftsloka
4	Barbezüge für private Zwecke ab dem Bankko des Geschäfts
5	Bankzahlung für den Lohn einer Angestellten
6	Gutschrift Eigenlohn
7	Bankzahlung der Rechnung von Nr. 2 unter Abzug von 2% Skonto
8	Abschreibung des Geschäftsmobiliars
9	Erhöhung des Eigenkapitals durch Einbringun eines Fahrzeugs aus dem Privatvermögen
10	Gutschrift Eigenzins (4% auf Anfangskapital)
11	Ausgleich Privatkonto
12	Übertrag des Jahresverlusts
13	Schlussbestand Eigenkapital

21.12

Ch. Müller führt als selbstständiger Ingenieur Beratungen im Baugewerbe durch.

a) Führen Sie das Journal und Hauptbuch für die ausgewählten Geschäftsfälle. Für die Kontenbezeichnungen gilt der Kontenrahmen KMU, der im Anhang 2 zuhinterst im Buch abgebildet ist.

...ungssatz			Betrag	Eigenkapital		Privat	
	Haben						
			100				
			50				
			36				
			70				
			70				
			120				
			14				
			20				
			10				

b) Berechnen Sie das Geschäftseinkommen des Ingenieurs.

c) Wie hoch wäre das Geschäftseinkommen des Ingenieurs, wenn weder Eigenlohn noch Eigenzins verbucht worden wären?

21.50

Silvia Dürr ist eine grosse Pferdeliebhaberin. Sie hat zwei Pferde in einem Stall in der Nähe ihres Wohnortes eingestellt und pflegt und reitet diese mit Begeisterung. Um nicht alle Kosten selber tragen zu müssen und um den Pferden die nötige tägliche Bewegung garantieren zu können, hat sie einen Kundenstamm aufgebaut, der gegen ein bescheidenes Entgelt auf den beiden Tieren ausreitet.

Mithilfe eines Kassabuches führt sie eine **einfache Buchhaltung** für ihren kleinen Reitstall. Alle Kunden zahlen bar, ebenso begleicht S. Dürr alle Rechnungen sofort bar.

Anfang Jahr hat Frau S. Dürr eine Einzelunternehmung mit folgender Eröffnungsbilanz gegründet:

Eröffnungsbilanz per 1. 1. 20_3

Aktiven		Passiven	
Kassa	1 500		
Sattel, Zaumzeug	3 000		
Pferde	20 500	Eigenkapital	25 000
	25 000		25 000

Das zusammengefasste Kassabuch lautet für das Jahr 20_3 wie folgt:

Datum[①]	Geschäftsfall	Kassakonto	
0	Anfangsbestand	1 500.–	
1	Bareinnahmen von Reitkunden	13 500.–	
2	Kauf von Heu und Stroh		2 900.–
3	Zahlung des Hufschmieds (Fr. 500.– alle 2 Monate)		3 000.–
4	Lohn für Stallgehilfen während der Ferienabwesenheit		1 200.–
5	Einzahlung auf Post für Reiterhaftpflichtversicherung		98.–
6	Zahlungen für Stallmiete		4 800.–
7	Tierarztkonsultationen		402.–
8	Barkauf von Hafer und Maispellets in der Landi		640.–
9	Übrige Baraufwände		260.–
0	Saldo		1 700.–
		15 000.–	15 000.–

Führen Sie mit **EasyAccounting** die **doppelte Buchhaltung** für den Reitstall S. Dürr.

---

① Anstelle eines üblichen Datums wird hier für jeden Geschäftsfall eine Nummer verwendet, da der Geschäftsverkehr summarisch dargestellt ist.

---

a) Als Erstes ist der für die Buchungen notwendige Kontenplan einzurichten:

Aktiven	1000 Kassa, 1501 Sattel und Zaumzeug, 1502 Pferde
Passiven	2800 Eigenkapital, 2850 Privatkonto
Aufwand	5000 Personalaufwand, 6000 Mietaufwand, 6200 Futtermittel, 6700 Übriger Aufwand, 6800 Zinsaufwand, 6900 Abschreibungen
Ertrag	3400 Reitertrag
Eröffnung/Abschluss	9000 Erfolgsrechnung, 9100 Bilanz

b) Erstellen Sie die Eröffnungsbilanz, und führen Sie das Journal aufgrund des summarisch dargestellten Kassabuchs.

c) Vor dem Abschluss sind noch die folgenden Nachträge im Journal zu berücksichtigen:

   ▷ S. Dürr rechnet damit, dass die beiden Pferde sicher noch 8 Jahre geritten werden können. Für das Älterwerden der Pferde setzt sie einen Abschreibungsbetrag von Fr. 2 500.– pro Jahr ein, die Abschreibungen auf den Sätteln und Zaumzeugen betragen Fr. 1000.– pro Jahr.

   ▷ Würde sie die Pferde nicht selber pflegen, müsste sie für eine Stallhilfe mit Fr. 6 600.– jährlich rechnen. Diesen Betrag setzt sie als Eigenlohn ein.

   ▷ Das Anfang Jahr investierte Kapital wird mit 6% verzinst.

   ▷ Hätte S. Dürr keine eigenen Pferde, müsste sie für ihre täglichen Ausritte mit Fr. 5 400.– pro Jahr rechnen. (Dieser Betrag ist einerseits S. Dürr als Privatperson zu belasten und anderseits als Ertrag für den Reitstall zu berücksichtigen.)

d) Das Privatkonto ist über das Eigenkapital auszugleichen.

e) Der Erfolg ist mit dem Eigenkapital zu verrechnen. Die Erfolgsrechnung und die Schlussbilanz (nach Gewinnverbuchung) sind auszudrucken.

21.51

Kuno Legrand ist ein sehr begnadeter Pianist mit diversen Auszeichnungen aus internationalen Klavierwettbewerben. Neben einer regen Konzerttätigkeit als gefragter Solist im In- und Ausland bestreitet er auch Meisterkurse für Pianisten an verschiedenen Orten. Seine Buchhaltung führt er mit **EasyAccounting.**

a) Öffnen Sie die Aufgabe 21.51 ab CD, und verbuchen Sie für Kuno Legrand die summarisch zusammengefassten Geschäftsfälle für das Geschäftsjahr 20_2. Das Geschäftsjahr 20_2 ist bereits eröffnet, und der Kontenplan ist aus dem Vorjahr übernommen.

Datum	Geschäftsfall	Betrag
1	Rechnungen des Musikhauses Jecklin für Stimmungen von Flügel und Klavier	980.–
2	Bankgutschrift für Tantiemen aus verkauften CDs	16 350.–
3	Private Barbezüge ab Bankkonto	33 100.–
4	Postzahlungen an Kreditoren	4 180.–
5	Banküberweisung für Studiomiete	11 600.–
6	Bankbelastungen für Flugtickets	9 420.–
7	Postgutschrift für Honorare aus Konzerttätigkeit	35 000.–
8	Versand von Rechnungen an Teilnehmer der Meisterkurse	19 200.–
9	Lohn an Sekretärin für die Organisation der Meisterkurse durch Bank bezahlt	6 460.–
10	Postüberweisung für diverse Versicherungen	1 170.–
11	Bankgutschriften für Solistenhonorare	43 650.–
12	Bankgutschriften für Zahlungen von Meisterkurs-Teilnehmern	14 400.–
13	Barzahlung für neue Konzertkleider (Smoking, Hemd, Lackschuhe)	1 850.–
14	Diverse Baraufwände während der Konzertreisen (Taxi, Essen, Telefon)	1 537.–
15	Postgutschriften für Zahlungen von Meisterkurs-Teilnehmern	4 800.–
16	Rechnung für Notenmaterial	576.–
17	Rechnung für Benutzung von Musikzimmern am Konservatorium	4 760.–
18	Zahlungen an Kreditoren durch die Bank	7 430.–
19	Zahlungen von Privatrechnungen über das Postkonto des Geschäftes	26 840.–
20	Bankbelastungen für Hotelleistungen in den USA und Japan	7 670.–
21	Gutschrift Eigenlohn	60 000.–
22	Abschreibungen auf Instrumenten	3 200.–
23	Abschreibungen auf Mobiliar	800.–
24	Belastung des Bankkontos für Zinsen	210.–
25	Verrechnung eines Eigenzinses von 5% auf dem Eigenkapital	?

b) Gleichen Sie das Privatkonto über das Eigenkapital aus.

c) Ermitteln Sie den Erfolg, und verrechnen Sie diesen mit dem Eigenkapital.

d) Wie gross war das Künstlereinkommen im Jahre 20_2?

22

Kollektivgesellschaft

22.01

Bei der Kollektivgesellschaft werden für jeden Gesellschafter ein Privatkonto und ein Kapitalkonto geführt:

▷ Das **Privatkonto** enthält im Soll die laufenden Bezüge des Gesellschafters, im Haben die Gutschriften für Eigenzins, Eigenlohn und Gewinnanteil.

▷ Das **Kapitalkonto** hält die langfristigen Kapitaleinlagen fest, welche die Grundlage für die Berechnung des Eigenzinses darstellen.

Beantworten Sie die Fragen zur Kollektivgesellschaft. Die massgeblichen OR-Artikel sind im Theorieteil auf Seite 46 abgedruckt.

Nr.	Frage	Antwort
1	Wo wird das Rechtsverhältnis der Gesellschafter untereinander (Innenverhältnis) geregelt?	
2	Wie hoch ist der mangels vertraglicher Vereinbarung verrechenbare Eigenzins auf der Kapitaleinlage (OR 558)?	
3	Um welche Kontenart gemäss Kontenrahmen KMU handelt es sich bei den Privatkonten der Gesellschafter?	
4	Was bedeutet es, wenn ein Privatkonto im Soll bzw. im Haben eröffnet wird?	Eröffnung im Soll: Eröffnung im Haben:
5	Wie ist ein Verlust auf die Gesellschafter zu verteilen, wenn vertraglich nichts vereinbart wurde (OR 533)?	
6	Ist eine vertragliche Vereinbarung, dass ein Gesellschafter nur am Gewinn, nicht aber am Verlust teilhaben soll, zulässig (OR 533)?	
7	Die Kollektivgesellschaft Lämmli & Wölfli wurde am 31. August 20_1 gegründet. Lämmli leistete eine Kapitaleinlage von Fr. 50000.–, Wölfli eine solche von Fr. 80000.–. Zinsfuss 6%. Wie viel Zins erhalten die beiden Gesellschafter Ende 20_1 gutgeschrieben?	Zins Lämmli = ─────── = Zins Wölfli = ─────── =
8	Über welches Konto werden in der Regel die Gewinn- bzw. Verlustanteile der Gesellschafter abgebucht?	Gewinnanteil: Verlustanteil:
9	Wie wird ein Privatkonto mit einem Sollüberschuss in der Bilanz berücksichtigt?	
10	Wie ist die Haftung in der Kollektivgesellschaft geregelt?	

22.02

Lösen Sie für die Kollektivgesellschaft Haller & Koch die folgenden Aufgaben:

a) Verbuchen Sie die Eröffnung, den Geschäftsverkehr sowie den Abschluss mit Gewinnzuweisung, und erstellen Sie die Schlussbilanz nach Gewinnverbuchung.

Eröffnungsbilanz per 1. 1. 20_3

Aktiven	Passiven	
	Eigenkapital	
	Kapital Haller	200
	Kapital Koch	400
	Privat Haller	– 15
	Privat Koch	10

Geschäftsfall	Buchungssatz
Eröffnung	Diverse Buchungen
Gutschrift für den Eigenlohn je 96	
Bezüge während des Jahres: ▷ Haller 89 ▷ Koch 102	
Zinsgutschrift 5% auf den Kapitaleinlagen	
Gutschrift Gewinnanteil 15 je Gesellschafter	
Salden auf Bilanz	Diverse Buchungen

Schlussbilanz per 31. 12. 20_3

Aktiven	Passiven
	Eigenkapital

b) Ermitteln Sie die Unternehmereinkommen von Haller und Koch für das Jahr 20_3.

c) Wodurch unterscheidet sich die Behandlung der Privatkonten bei der Kollektivgesellschaft gegenüber der Einzelunternehmung?

tal Haller		Kapital Koch		Privat Haller		Privat Koch	

22.03

Setzen Sie die aufgeführten Grössen mit Text im Privat- und im Kapitalkonto des Gesellschafters M. Bianca der Kollektivgesellschaft Bianca & Co., Gemüsegrosshandel, richtig ein. Schliessen Sie die Konten ab.

▷ Anfangsbestand Privatkonto	– 15
▷ Lohngutschrift	120
▷ Barbezüge	100
▷ Eigenzins	5%
▷ Zahlung von Privatrechnungen	11
▷ Anfangsbestand Kapitalkonto	300
▷ Private Warenbezüge	5
▷ Kapitalerhöhung Ende Jahr	50
▷ Verlustanteil	20

Kapitalkonto Bianca

Privatkonto Bianca

22.04

Vervollständigen Sie das Journal für die Kollektivgesellschaft Walser & Partner, Anwalts-kanzlei in Zürich. Es sind einige typische Geschäftsfälle zusammengefasst, das Journal ist jedoch nicht vollständig. Den Buchungen ist der Kontenrahmen KMU im Anhang zugrunde zu legen.

Journal

Nr.	Geschäftsfall	Buchungssatz		Betrag
		Soll	Haben	
1	Gesellschafter Stähli entnimmt der Ge-schäftskasse Fr. 3000.– für private Zwecke.			
2		Lohnaufwand	Privat Walser	8 000
		Lohnaufwand	Privat Stähli	8 000
3	Versand von Rechnungen für Kunden-beratungen, Fr. 20000.–			
4	Gesellschafter Stähli benutzt den Geschäfts-wagen für eine Ferienreise. Es werden ihm Fr. 800.– dafür belastet.			
5	Ein neuer Gesellschafter, S. Götz, leistet eine Kapitaleinlage von Fr. 50000.– auf die Bank.			
6		Immobilien	Hypothek	800 000
		Immobilien	Bank	500 000
7	Gesellschafter Walser übernimmt den alten Laptop aus dem Geschäft für seine Tochter Simone, Fr. 400.–			
8	Für Gesellschafter Stähli wird eine Steuer-rechnung im Betrag von Fr. 9000.– durch die Post bezahlt.			
9	Die private Zahnarztrechnung von Walser wird durch Banküberweisung beglichen, Fr. 1250.–			
10	Auf den Kapitaleinlagen der Gesellschafter wird der Eigenzins von 6% gutgeschrieben: ▷ Kapital Walser 100 000.– (für 12 Monate) ▷ Kapital Stähli 80 000.– (für 12 Monate) ▷ Kapital Götz 50 000.– (für 9 Monate)			
11	Mit dem Einverständnis der beiden anderen Gesellschafter erhöht S. Götz seine Kapitaleinlage zulasten seines Privatkontos um Fr. 20000.–			
12	In diesem Geschäftsjahr wurde ein Gewinn von Fr. 69000.– erzielt, welcher den Gesellschaftern im Verhältnis ihrer Kapital-einlagen gemäss Nr. 10 gutgeschrieben wird. (Dass Gesellschafter Götz kein volles Jahr mitgearbeitet hat, wird vernachlässigt.)			

22.05

Von der Buchhaltung der Kollektivgesellschaft Hotz & Co., Handel mit Velos und Zubehör, liegt die provisorische Saldobilanz[1] für das Jahr 20_5 vor:

a) Berücksichtigen Sie folgende Nachtragsbuchungen, und erstellen Sie die definitive Saldobilanz:

1	Gesellschafter Benz ist noch der Eigenlohn von 7 für den Monat Dezember gutzuschreiben.
2	Für Gesellschafter Hotz wird die letzte Rate seiner Steuerrechnung per Post im Betrag von 5 überwiesen.
3	Auf dem Fahrzeug ist noch eine Abschreibung von 8 zu berücksichtigen.
4	Die Zinsen von 6% auf den Kapitaleinlagen sind noch gutzuschreiben.

Saldobilanz vom 31. 12. 20_5 (Kurzzahlen)

Konten	Provisorische Saldobilanz		Nachträge		Definitive Saldobilanz	
Liquide Mittel	89					
Debitoren	38					
Warenvorräte	300					
Mobilien	45					
Fahrzeug	28					
Kreditoren		72				
Bankschuld		60				
Kapital Hotz		250				
Kapital Benz		50				
Privat Hotz		7				
Privat Benz	2					
Warenaufwand	980					
Personalaufwand	312					
Mietaufwand	78					
Zinsaufwand	3					
Übriger Betriebsaufwand	107					
Abschreibungen	8					
Warenertrag		1 551				
Total	1 990	1 990				

[1] Die **Saldobilanz** zeigt die Salden der einzelnen Konten. Die Summe der Sollsalden muss nach dem System der Doppik der Summe der Habensalden entsprechen.

b) Aufgrund der definitiven Saldobilanz sind die Erfolgsrechnung und die Bilanz vor Gewinnverbuchung zu erstellen.

Bilanz vor Gewinnverbuchung 31. 12. 20_5

Aktiven	Passiven
Umlaufvermögen	**Fremdkapital**
Liquide Mittel	Kreditoren
Debitoren	Bank
Warenvorräte	
	Eigenkapital
	Kapital Hotz
	Kapital Benz
Anlagevermögen	Privat Hotz
Mobilien	Privat Benz
Fahrzeug	

Erfolgsrechnung für 20_5

Aufwand	Ertrag
Warenaufwand	Warenertrag
Personalaufwand	
Mietaufwand	
Zinsaufwand	
Übr. Betriebsaufwand	
Abschreibungen	

c) Der Erfolg wird nach Köpfen verteilt: Gewinnanteile werden den Privatkonten gutgeschrieben, Verlustanteile den Kapitalkonten belastet. Wie sieht die Bilanz der Hotz & Co. nach Gewinnverbuchung aus?

Bilanz nach Gewinnverbuchung 31. 12. 20_5

Aktiven	Passiven
Umlaufvermögen	**Fremdkapital**
Liquide Mittel	Kreditoren
Debitoren	Bank
Warenvorräte	
	Eigenkapital
	Kapital Hotz
	Kapital Benz
Anlagevermögen	Privat Hotz
Mobilien	Privat Benz
Fahrzeug	

d) Ist eine Gewinnverteilung nach Köpfen gerecht?

e) Wie würde sich das Unternehmereinkommen von Gesellschafter Hotz ändern, wenn die Kapitaleinlagen statt mit 6% nur mit 4% verzinst würden?

22.06

Mangels vertraglicher Vereinbarung über die Gewinn- und Verlustverteilung kommt OR 533 zur Anwendung:

OR 533: Gewinn- und Verlustbeteiligung

> Wird es nicht anders vereinbart, so hat jeder Gesellschafter, ohne Rücksicht auf die Art und Grösse seines Beitrages, gleichen Anteil am Gewinn und Verlust.
>
> Ist nur der Anteil am Gewinn oder der Anteil am Verlust vereinbart, so gilt diese Vereinbarung für beides.
>
> Die Verabredung, dass ein Gesellschafter, der zu dem gemeinsamen Zwecke Arbeit beizutragen hat, Anteil am Gewinn, nicht aber am Verlust haben soll, ist zulässig.

Aus der Probebilanz[1] Ende 20_6 der Dürr & Co. sind folgende Zahlen bekannt:

Kapital Dürr		Kapital Rüegger		Privat Dürr		Privat Rüegger	
	500		300	87	110	102	99

a) Wie lautet die Schlussbilanz nach Gewinnverbuchung, wenn ein Gewinn von 40 erzielt wird, der im Verhältnis der Kapitaleinlagen der Gesellschafter verteilt wird? Die Gewinne sind über die Privatkonten zu verbuchen.

Schlussbilanz 31. 12. 20_6

Aktiven	Passiven
	Eigenkapital

b) Wie lautet die Schlussbilanz nach Gewinnverbuchung, wenn ein Gewinn von 40 erzielt wird und keine vertragliche Regelung bezüglich der Gewinnverteilung besteht? Die Gewinne sind über die Privatkonten zu verbuchen.

Schlussbilanz 31. 12. 20_6

Aktiven	Passiven
	Eigenkapital

[1] Die **Probebilanz** zeigt im Soll und im Haben jedes einzelnen Kontos das Total aus allen eingetragenen Buchungen. In der Probebilanz wird kontrolliert, ob die Summe aller Soll- der Summe aller Habeneintragungen entspricht.

c) Wie lautet die Schlussbilanz nach Erfolgsverbuchung, wenn ein Verlust von 40 erzielt wird? Die Verluste sind über die Kapitaleinlagen abzubuchen.

Schlussbilanz 31. 12. 20_6

Aktiven	Passiven
	Eigenkapital

d) Wie lauten die Zinsgutschriften Ende 20_7 für die beiden Gesellschafter, wenn die Einlagen zu 6% verzinst werden und von der Schlussbilanz nach Gewinnverbuchung 20_6 gemäss Teilaufgabe c) ausgegangen wird?

Nr.	Text	Buchungssatz		Betrag
		Soll	Haben	
1	Zinsgutschrift Gesellschaft Dürr			
2	Zinsgutschrift Gesellschaft Rüegger			

22.07

In der Schweiz gibt es etwa 170 000 Aktiengesellschaften, 70 000 GmbH und 150 000 Einzelunternehmungen, aber nur 16 000 Kollektivgesellschaften.

Welches sind die Gründe für die geringe Verbreitung und die abnehmende Bedeutung der Kollektivgesellschaft?

23

Aktiengesellschaft

23.01

Welches sind die wichtigsten Unterschiede zwischen Aktiengesellschaft und Einzelunternehmung? Vervollständigen Sie die Tabelle.

Unterscheidungs-merkmal	Einzelunternehmung	Aktiengesellschaft
Personenkreis	Eine einzelne natürliche Person ist Eigentümerin der Unternehmung.	Die AG ist eine Gesellschaft mit eigener Rechtspersönlichkeit (juristische Person), an der einer oder mehrere Aktionäre beteiligt sind.
Eigenkapital	Das Eigenkapital stammt allein vom Einzelunternehmer bzw. von der Einzelunternehmerin. In der Bilanz wird das Eigenkapital nicht weiter gegliedert.	Das Eigenkapital wird von verschiedenen Aktionären aufgebracht. In der Bilanz wird das Eigenkapital gegliedert in: ▷ ___ ▷ ___ ▷ ___
Gewinnverbuchung beim Jahresabschluss	Der Gewinn wird auf das Eigenkapital gebucht. Der Buchungssatz lautet:	Der Gewinn wird auf das Gewinnvortragskonto (als Teil des Eigenkapitals) gebucht. Der Buchungssatz lautet: Erfolgsrechnung/Gewinnvortrag.
Gewinnverwendung	Der Einzelunternehmer kann frei über den Gewinn verfügen und diesen in Form von Privatbezügen während des Jahres beziehen. Der Buchungssatz für einen Barbezug durch den Geschäftsinhaber lautet:	Die Generalversammlung (= Versammlung der Aktionäre) beschliesst über die Gewinnverwendung: ▷ Ein Teil des Gewinns darf nicht ausgeschüttet werden und muss in Form von Reserven zurückbehalten werden. ▷ Ein Teil des Gewinns wird den Aktionären in Form von Dividenden ausbezahlt.
Haftung für Geschäftsschulden	Der Einzelunternehmer haftet persönlich unbeschränkt für alle Geschäftsschulden, d. h., er haftet auch mit seinem Privatvermögen.	
Anonymität der Eigentümer	Der Unternehmer ist als Eigentümer seiner Einzelunternehmung im Handelsregister eingetragen (Ausnahme: sehr kleine Einzelunternehmungen).	
Steuern	Geschäfts- und Privateinkommen bzw. Geschäfts- und Privatvermögen werden zusammengezählt und gemeinsam besteuert.	Aktiengesellschaft und Aktionäre werden getrennt besteuert.

23.02

Bei der Gewinnverbuchung im Rahmen des Jahresabschlusses unterscheiden sich Einzel-unternehmung und Aktiengesellschaft nur durch die Tatsache, dass die Aktiengesellschaft mit dem **Konto Gewinnvortrag** über ein gesondertes Eigenkapitalkonto verfügt, das eigens für die Gewinnverbuchung und -verteilung geschaffen wurde.

Als Ausgangspunkt für die Gewinnverbuchung sind hier die Schlussbilanzen von zwei Taxiunternehmungen gegeben, die sich nur durch ihre Rechtsform voneinander unter-scheiden (Zahlen in Fr. 1000.–):

Ernst Meier, Taxiunternehmung, Bern

Schlussbilanz vor Gewinnverbuchung per 31. 12. 20_1

Aktiven			Passiven		
Umlaufvermögen			**Fremdkapital**		
Kasse	4		Kreditoren	6	
Debitoren	16	20	Bank	24	30
Anlagevermögen			**Eigenkapital**		
Fahrzeuge		230	Eigenkapital	210	
			Gewinn	10	220
		250			250

Berner Taxi AG

Schlussbilanz vor Gewinnverbuchung per 31. 12. 20_1

Aktiven			Passiven		
Umlaufvermögen			**Fremdkapital**		
Kasse	4		Kreditoren	6	
Debitoren	16	20	Bank	24	30
Anlagevermögen			**Eigenkapital**		
Fahrzeuge		230	Aktienkapital	200	
			Reserven	9	
			Gewinnvortrag	1	
			Gewinn	10	220
		250			250

a) Wie lauten die Buchungssätze für die Gewinnverbuchung beim Jahresabschluss?

Ernst Meier, Taxiunternehmung, Bern	Berner Taxi AG

b) Vervollständigen Sie die Schlussbilanzen nach Gewinnverbuchung.

Ernst Meier, Taxiunternehmung, Bern

Schlussbilanz nach Gewinnverbuchung per 31. 12. 20_1

Aktiven			Passiven		
Umlaufvermögen			**Fremdkapital**		
Kasse	4		Kreditoren	6	
Debitoren	16	20	Bank	24	30
Anlagevermögen			**Eigenkapital**		
Fahrzeuge		230			
		250			250

Berner Taxi AG

Schlussbilanz nach Gewinnverbuchung per 31. 12. 20_1

Aktiven			Passiven		
Umlaufvermögen			**Fremdkapital**		
Kasse	4		Kreditoren	6	
Debitoren	16	20	Bank	24	30
Anlagevermögen			**Eigenkapital**		
Fahrzeuge		230			
		250			250

23.03

Das Eigenkapital der Elektro AG setzt sich in der Schlussbilanz vor Gewinnverbuchung vom 31. Dezember 20_1 wie folgt zusammen:

▷ Aktienkapital	250 000
▷ Reserven	39 200
▷ Gewinnvortrag	800
▷ Gewinn	10 000

a) Wie lautet der Buchungssatz für die Gewinnverbuchung beim Jahresabschluss?

Soll	Haben	Betrag

b) Vervollständigen Sie die Schlussbilanz nach Gewinnverbuchung per 31. 12. 20_1

Schlussbilanz nach Gewinnverbuchung per 31. 12. 20_1

Aktiven			Passiven		
Umlaufvermögen			**Fremdkapital**		
Flüssige Mittel	30 000		Kreditoren	200 000	
Debitoren	70 000		Hypothek	300 000	500 000
Vorräte	80 000	180 000			
Anlagevermögen			**Eigenkapital**		
Mobilien	40 000				
Maschinen	80 000				
Immobilien	500 000	620 000			
		800 000			800 000

Journal und Konten zu e)

Datum	Geschäftsfall
01. 01.	Eröffnungsbilanz
08. 03.	Reservenzuweisung
08. 03.	Dividendenzuweisung
11. 03.	Auszahlung der Nettodivide...
11. 03.	Gutschrift der VSt
09. 04.	Überweisung der VSt an die eidg. Steuerverwaltur...
09. 04.	Kontensalden nach Gewinnverwendung

Die Generalversammlung der Aktionäre ist das oberste Organ der Aktiengesellschaft. Die ordentliche General-versammlung findet alljährlich innerhalb von sechs Monaten nach Abschluss des Geschäftsjahres statt. Zu den Befugnissen der Generalversammlung gehören nach OR 698 die Genehmigung der Jahresrechnung und die Beschlussfassung über die Verwendung des Gewinnes, insbesondere die Festsetzung der Dividende.

Die Generalversammlung der Elektro AG vom 8. März 20_2 beschliesst,

▷ eine Zuweisung in die gesetzlichen Reserven von 5% vorzunehmen (dazu ist die AG gemäss OR 671 verpflichtet) und

▷ eine Dividende von 4% an die Aktionäre auszuschütten.

c) Vervollständigen Sie den Gewinnverwendungsplan.

Gewinnverwendungsplan vom 8. 3. 20_2

Gewinnvortrag vor Gewinnverwendung	Fr.
./. Zuweisung an die gesetzlichen Reserven (5% des Jahresgewinns)	Fr.
./. Dividende (4% des Aktienkapitals)	Fr.
= Gewinnvortrag nach Gewinnverwendung	Fr.

Am 11. März 20_2 wird die Dividende ausgeschüttet. Die Aktiengesellschaft ist verpflichtet, eine Verrechnungssteuer von 35% abzuziehen und innert 30 Tagen an die eidg. Steuerverwaltung abzuliefern; an die Aktionäre wird nur die Nettodividende ausbezahlt.

d) Vervollständigen Sie die Übersicht über die Dividendenauszahlung.

Bruttodividende	Fr.	10 000.–	100%
./. Verrechnungssteuer	Fr.		%
= Nettodividende	Fr.		%

e) Verbuchen Sie die Gewinnverwendung sowie die Dividendenauszahlung im folgenden Ausschnitt aus Journal und Hauptbuch.

...ungssatz	Kreditor VSt		Dividenden		Reserven		Gewinnvortrag	
...rse Buchungssätze						39 200		10 800
...e Buchungen								

23.04

Für die Turbo AG sind folgende Sachverhalte zu verbuchen:

▷ Gewinnverbuchung am Jahresende (31. Dezember 20_4)

▷ Dividendenzuweisung und Dividendenauszahlung nach der Generalversammlung vom 15. April 20_5

Schlussbilanz vor Gewinnverbuchung per 31. 12. 20_4

Aktiven   Passiven

Umlaufvermögen			**Fremdkapital**		
Flüssige Mittel	30 000		Kreditoren	250 000	
Debitoren	80 000		Hypothek	350 000	600 000
Vorräte	90 000	200 000			
Anlagevermögen			**Eigenkapital**		
Mobilien	30 000		Aktienkapital	300 000	
Maschinen	100 000		Reserven	14 400	
Immobilien	600 000	730 000	Gewinnvortrag	600	
			Gewinn	**?**	330 000
		930 000			930 000

a) Nennen Sie den Buchungssatz für die Gewinnverbuchung Ende 20_4, und vervollständigen Sie die Schlussbilanz nach Gewinnverbuchung per 31. Dezember 20_4.

Soll	Haben	Betrag

Schlussbilanz nach Gewinnverbuchung per 31. 12. 20_4

Aktiven   Passiven

Umlaufvermögen			**Fremdkapital**		
Flüssige Mittel	30 000		Kreditoren	250 000	
Debitoren	80 000		Hypothek	350 000	600 000
Vorräte	90 000	200 000			
Anlagevermögen			**Eigenkapital**		
Mobilien	30 000				
Maschinen	100 000				
Immobilien	600 000	730 000			
		930 000			930 000

Journal und Hauptbuch zu b)

Datum	Geschäftsfall
01. 01.	Eröffnungsbilanz
15. 04.	Reservenzuweisung
15. 04.	Dividendenzuweisung
19. 04.	Auszahlung der Nettodivide
19. 04.	Gutschrift der VSt
17. 05.	Überweisung der VSt an die eidg. Steuerverwaltu
17. 05.	Kontensalden nach Gewinnverwendung

Die Generalversammlung der Turbo AG vom 15. April 20_5 beschliesst:

▷ die gesetzlich vorgeschriebene Reservenzuweisung vorzunehmen

▷ so viele ganze Prozente Dividende wie möglich auszuschütten

▷ den Rest als Gewinnvortrag auf die neue Rechnung vorzutragen

b) Erstellen Sie den Gewinnverwendungsplan, und verbuchen Sie die Dividendenzuweisung sowie die Dividendenauszahlung.

Gewinnverwendungsplan vom 15. 4. 2005

Gewinnvortrag vor Gewinnverwendung	Fr.
./. Zuweisung an die gesetzlichen Reserven	Fr.
./. Dividende	Fr.
= Gewinnvortrag nach Gewinnverwendung	Fr.

...ungssatz	Kreditor VSt		Dividenden		Reserven		Gewinnvortrag	
...se Buchungssätze								
...e Buchungen								

23.05

Das Aktienkapital der Turbo AG (siehe Aufgabe 23.04) ist eingeteilt in 300 Aktien mit je einem Nominalwert von Fr. 1000.–. Die Spektra AG besitzt 20 Aktien der Turbo AG.

Wie verbucht die Spektra AG die Gutschriftsanzeige der Bank vom 20. April 20_5 für die Dividendenauszahlung?

Soll	Haben	Betrag

23.06

In der Eröffnungsbilanz der Futurex AG vom 1. Januar 20_7 setzt sich das Eigenkapital von Fr. 2 395 000.– wie folgt zusammen:

Aktienkapital	Fr. 2 000 000.–
Reserven	Fr. 300 000.–
Gewinnvortrag	Fr. 95 000.–

Ausserdem sind folgende Tatsachen bekannt:

▷ Das Aktienkapital ist eingeteilt in 20 000 Aktien mit je einem Nominalwert von Fr. 100.–.

▷ Im Jahr 20_6 wurde ein Gewinn von Fr. 90 000.– erzielt.

▷ Die Müller AG ist mit einem Anteil von 12 000 Aktien Hauptaktionärin der Futurex AG.

Der Verwaltungsrat schlägt der Generalversammlung vom 5. Mai 20_7 vor, so viele ganze Prozente Dividende wie möglich auszuschütten und den Gewinnrest auf das neue Jahr vorzutragen. Die Aktionäre nehmen diesen Vorschlag an.

a) Erstellen Sie den Gewinnverteilungsplan.

Gewinnverwendungsplan

Gewinnvortrag vor Gewinnverwendung Fr. _____

./. Zuweisung an die gesetzlichen Reserven Fr. _____

./. Dividende Fr. _____

= Gewinnvortrag nach Gewinnverwendung Fr. _____

b) Führen Sie das Journal.

Journal

Datum	Text	Buchung		Betrag
		Soll	Haben	
05. 05. 20_7	Reservenzuweisung			
05. 05. 20_7	Dividendenzuweisung			
07. 05. 20_7	Auszahlung der Nettodividende			
07. 05. 20_7	Gutschrift der Verrechnungssteuer			
04. 06. 20_7	Überweisung der VSt an die eidg. Steuerverwaltung			

c) Wie verbucht die Müller AG die Dividendenauszahlung (Gutschriftsanzeige der Bank)?

Soll	Haben	Betrag

23.07

Eine Aktiengesellschaft mit einem Aktienkapital von Fr. 4 000 000.– erwirtschaftete im vergangenen Geschäftsjahr einen Gewinn von Fr. 300 000.–. Die Generalversammlung beschliesst:

▷ den gesetzlichen Reserven Fr. 23 000.– zuzuweisen

▷ so viele ganze Prozente Dividende wie möglich auszuschütten

▷ den Rest als Gewinnvortrag auf neue Rechnung vorzutragen

a) Vervollständigen Sie den Gewinnverwendungsplan:

Gewinnverwendungsplan

Gewinnvortrag vor Gewinnverwendung	Fr.	310 000.–
./. Reservenzuweisung	Fr.	
./. _____% Dividende	Fr.	
= Gewinnvortrag nach Gewinnverwendung	Fr.	

b) Wie lauten die Buchungen für die Reservenbildung und die Dividendenzuweisung?

Soll	Haben	Betrag

23.08

Von der Opal AG, die im Geschäftsjahr 20_1 einen Gewinn von Fr. 40 000.– erwirtschaftete, ist folgende Eröffnungsbilanz per 1. Januar 20_2 bekannt:

Eröffnungsbilanz 1. 1. 20_2

Aktiven			Passiven		
Umlaufvermögen			**Fremdkapital**		
Flüssige Mittel	10 000		Kreditoren	120 000	
Debitoren	50 000		Hypothek	280 000	400 000
Vorräte	90 000	150 000			
Anlagevermögen			**Eigenkapital**		
Mobilien	40 000		Aktienkapital	200 000	
Maschinen	80 000		Reserven	27 400	
Immobilien	400 000	520 000	Gewinnvortrag	42 600	270 000
		670 000			670 000

Im Rahmen der Gewinnverwendung beschliesst die Generalversammlung vom 17. März 20_2, die Hälfte des Gewinnes den Reserven zuzuweisen (dies ist freiwillig deutlich mehr, als der Gesetzgeber vorschreibt) und aus dem Rest so viele ganze Prozente Dividende wie möglich auszuschütten.

a) Erstellen Sie einen Gewinnverwendungsplan.

Gewinnverwendungsplan vom 17. 3. 20_2

Gewinnvortrag vor Gewinnverwendung	Fr. _____
./. Zuweisung an die gesetzlichen Reserven	Fr. _____
./. Dividende	Fr. _____
= Gewinnvortrag nach Gewinnverwendung	Fr. _____

b) Wie lauten die Buchungssätze für die Reservenzuweisung und die Dividendenausschüttung?

Journal

Datum	Text	Buchung		Betrag
		Soll	Haben	
17. 03. 20_2	Reservenzuweisung			
17. 03. 20_2	Dividendenzuweisung			
18. 03. 20_2	Auszahlung der Nettodividende			
18. 03. 20_2	Gutschrift der Verrechnungssteuer			
17. 04. 20_2	Überweisung der VSt an die eidg. Steuerverwaltung			

c) Inwiefern stellt die beschlossene Dividendenauszahlung für die Opal AG ein Problem dar? (Bei dieser Beurteilung ist davon auszugehen, dass die Bilanz am 17. März 20_2 in den Grössenordnungen ähnlich aussieht wie am 1. Januar 20_2.)

d) Warum ist bei Aktiengesellschaften die Reservenbildung vom Obligationenrecht zwingend vorgeschrieben?

e) Die A. Winiger GmbH besitzt einen Anteil von 20% am Aktienkapital der Opal AG.

Wie verbucht diese GmbH die Bankgutschrift für die Dividendenauszahlung?

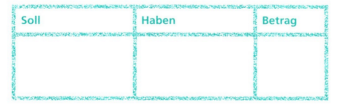

Soll	Haben	Betrag

23.09

Die TRANSA AG, Eglisau, besitzt einen Dreiachslastwagen mit Zweiachsanhänger, die zusammen mit der Ladung ein Gesamtgewicht von 40 Tonnen aufweisen. Im Auftrag eines grossen Getränkekonzerns führt sie regelmässige Fahrten nach einem bestimmten Routenplan zur Versorgung von Läden mit Getränken in der Ostschweiz durch.

Der Geschäftsverkehr ist im Journal und im Hauptbuch zu verbuchen. Ende Jahr sind die Erfolgsrechnung sowie die Schlussbilanz zu erstellen. Alle Beträge sind in Fr. 1000.–.

Eröffnungsbilanz 1. 1. 20_5

Aktiven				Passiven		
Umlaufvermögen				**Fremdkapital**		
Bank	13			Kreditoren	3	
Debitoren	30	43		Bankdarlehen	120	123
				Eigenkapital		
Anlagevermögen				Aktienkapital	100	
Büroeinrichtung	10			Reserven	15	
Fahrzeuge	210	220		Gewinnvortrag	25	140
		263				263

Journal 20_5

Nr.	Geschäftsfall	Sollbuchung	Habenbuchung	Betrag
1	Rechnungen an den Getränkekonzern für ausgeführte Transporte			280
2	Vom Getränkekonzern bezahlte Rechnungen			270
3	Bankzahlungen für Personalaufwand			80
4	Rechnungen der Touring-Garage, Eglisau, für Dieselbezüge sowie Unterhalt und Reparaturen			65
5	Gewinnverwendung gemäss Beschluss der Generalversammlung: Reservenbildung 4, Dividendenzuweisung 20			
6	Bankzahlung der Nettodividende an die Aktionäre und Gutschrift der Verrechnungssteuer zuhanden der eidg. Steuerverwaltung			
7	Überweisung der Verrechnungssteuer an die eidg. Steuerverwaltung			
8	Rechnungen für übrigen Aufwand			70
9	Bankzahlungen an Kreditoren			130
10	Bankbelastung für Darlehenszinsen (Zinstermin 31. 12., Zinsfuss 5% p.a.)			
11	Teilrückzahlung Bankdarlehen			30
12	Abschreibung Büroeinrichtung			2
13	Abschreibung Anhängerzug			40
14	Verbuchung des Jahresgewinns			

Hauptbuch 20_5

Bank

Kreditoren

Personalaufwand

Transportertrag

Fahrzeugaufwand

Kreditor VSt

Zinsaufwand

Debitoren

Dividenden

Abschreibungen

Büroeinrichtung

Bankdarlehen

Übriger Aufwand

Erfolgsrechnung 20_5

Aktienkapital

Fahrzeuge

Reserven

Schlussbilanz nach Gewinnverbuchung 31. 12. 20_5

Gewinnvortrag

23.10

Kreuzen Sie die Aussagen als richtig an, oder begründen Sie, weshalb diese falsch sind:

Nr.	Aussage	Richtig	Begründung, wenn Aussage falsch ist.
1	Für Schulden der Aktiengesellschaft haftet nur das Vermögen der Aktiengesellschaft. Es besteht keine persönliche Haftung der Aktionäre.		
2	Das Eigenkapital einer Aktiengesellschaft setzt sich aus Aktienkapital, Reserven, Gewinnvortrag und Dividenden zusammen.		
3	Über die Gewinnverwendung einer Aktiengesellschaft entscheidet der Verwaltungsrat.		
4	Die Namen der Aktionäre sind aus dem Handelsregister ersichtlich.		
5	Ein Aktionär bucht die Gutschriftsanzeige der Bank für erhaltene Dividenden im Nettobetrag von 65 wie folgt: ▷ Bank/Wertschriftenertrag 65 ▷ Bank/Kreditor VSt 35		
6	Der Übertrag des Jahresgewinns aus der Erfolgsrechnung aufs Eigenkapital wird wie folgt verbucht: ▷ Erfolgsrechnung/Gewinnvortrag		

23.11

Die K. Müller AG erwirtschaftete im Geschäftsjahr 20_1 einen Verlust von Fr. 13000.–. Die Schlussbilanz vor Verlustverbuchung lautet:

Schlussbilanz vor Verlustverbuchung 31. 12. 20_1

Aktiven Passiven

Umlaufvermögen			**Fremdkapital**		
Flüssige Mittel	3 000		Kreditoren	166 000	
Debitoren	102 000		Hypothek	334 000	500 000
Vorräte	85 000	190 000			
Anlagevermögen			**Eigenkapital**		
Mobilien	30 000		Aktienkapital	250 000	
Fahrzeuge	26 000		Reserven	61 000	
Maschinen	94 000		Gewinnvortrag	2 000	
Immobilien	460 000	610 000	**Verlust**[1]	– 13 000	300 000
		800 000			800 000

Verbuchen Sie den Verlust auf zwei Arten:

[1] Der Verlust stellt eine Verminderung des Eigenkapitals dar und wird deshalb folgerichtig in der Bilanz als Wertberichtigung (Minus-Posten) zum Eigenkapital ausgewiesen. In der Praxis ist auch die Darstellung des Verlustes als Saldo der Bilanz auf der Sollseite der Bilanz anzutreffen.

Variante 1   **Der Verlust wird über den Gewinnvortrag und die Reserven ausgebucht.**

Schlussbilanz nach Verlustverbuchung 31. 12. 20_1

Aktiven				Passiven		
Umlaufvermögen				**Fremdkapital**		
Flüssige Mittel	3 000			Kreditoren	166 000	
Debitoren	102 000			Hypothek	334 000	500 000
Vorräte	85 000	190 000				
Anlagevermögen				**Eigenkapital**		
Mobilien	30 000			Aktienkapital	250 000	
Fahrzeuge	26 000					
Maschinen	94 000					
Immobilien	460 000	610 000				300 000
		800 000				800 000

Buchungssätze

Variante 2   **Der Verlust wird mit dem Gewinnvortrag verrechnet und der Rest als Verlustvortrag ausgewiesen.**

Schlussbilanz nach Verlustverbuchung 31. 12. 20_1

Aktiven				Passiven		
Umlaufvermögen				**Fremdkapital**		
Flüssige Mittel	3 000			Kreditoren	166 000	
Debitoren	102 000			Hypothek	334 000	500 000
Vorräte	85 000	190 000				
Anlagevermögen				**Eigenkapital**		
Mobilien	30 000			Aktienkapital	250 000	
Fahrzeuge	26 000					
Maschinen	94 000					
Immobilien	460 000	610 000				300 000
		800 000				800 000

Buchungssatz

23.12

Bei Einzelunternehmungen und Personengesellschaften bestehen keine genauen Gliederungsvorschriften für die Bilanz. Hingegen schreibt OR 663a bei Aktiengesellschaften folgende **Mindestgliederung** vor:

OR 663a

Die Bilanz weist das Umlaufvermögen und das Anlagevermögen, das Fremdkapital und das Eigenkapital aus.

Das Umlaufvermögen wird in flüssige Mittel, Forderungen aus Lieferungen und Leistungen, andere Forderungen sowie Vorräte unterteilt, das Anlagevermögen in Finanzanlagen, Sachanlagen und immaterielle Anlagen.

Das Fremdkapital wird in Schulden aus Lieferungen und Leistungen, andere kurzfristige Verbindlichkeiten, langfristige Verbindlichkeiten und Rückstellungen unterteilt, das Eigenkapital in Aktienkapital, gesetzliche und andere Reserven sowie in einen Bilanzgewinn.

Gesondert angegeben werden auch das nicht einbezahlte Aktienkapital, die Gesamtbeträge der Beteiligungen, der Forderungen und der Verbindlichkeiten gegenüber anderen Gesellschaften des Konzerns oder Aktionären, die eine Beteiligung an der Gesellschaft halten, die Rechnungsabgrenzungsposten sowie ein Bilanzverlust.

Diese Gliederungsvorschriften wurden bei der Gestaltung der Lösungshilfe schon weit gehend berücksichtigt. Ihre Aufgabe ist es, die Bilanz mithilfe von OR 663a und der am Rande aufgeführten Kontensalden korrekt zu vervollständigen.

Bilanz vom 31. Dezember 20_1

Aktiven		Passiven

▷ Kasse	4
▷ Post(guthaben)	10
▷ Kreditor VSt	3
▷ Bank(schuld)	24
▷ Hypothek	35
▷ Maschinen und Einrichtungen	15
▷ Debitoren VSt	2
▷ Gesetzliche Res.	9
▷ Immobilien	50
▷ Patente u. Lizenzen	7
▷ Rohmaterialvorrat	11
▷ Fabrikatevorrat	13
▷ Debitoren	17
▷ Freie Reserven	4
▷ Aktienkapital	30
▷ Aktivdarlehen	14
▷ Kreditoren	32
▷ Gewinnvortrag aus Vorjahr	1
▷ Jahresgewinn	5

Umlaufvermögen

Flüssige Mittel

Andere Forderungen

Vorräte

Anlagevermögen

Finanzanlagen

Sachanlagen

Immaterielle Anlagen

Fremdkapital

Andere kurzfristige Verbindlichkeiten

Langfr. Verbindlichkeiten

Eigenkapital

Gesetzliche Reserven

Andere (= freie) Reserven

Bilanzgewinn[1]

---

[1] Im Obligationenrecht wird der Gewinnvortrag (inkl. Jahresgewinn) unzweckmässigerweise Bilanzgewinn genannt.

23.13

Im Handelsregister wird als hauptsächlicher Geschäftszweck der Hoch & Tief AG die Planung und Bauführung im Hoch- und Tiefbau genannt. Diesen Kernbereich der Geschäftstätigkeit nennt man **Betrieb.**

Die Hoch & Tief AG besitzt daneben noch einen Wohnblock. Da dieser nicht zu ihrer Haupttätigkeit gehört, werden für die Aufwände und Erträge aus dieser Liegenschaft separate Konten geführt. Diesen Unternehmensbereich kann man als Nebenbetrieb oder als **betriebsfremde Tätigkeit** bezeichnen.

Als ein einmaliges Ereignis wird das Erdbeben betrachtet, das auf einer Baustelle für die Hoch & Tief AG einen Schaden verursacht hat. Solche einmaligen, nicht wiederkehrenden Ereignisse werden im Rechnungswesen als **ausserordentlich** bezeichnet.

Das Obligationenrecht schreibt bei Aktiengesellschaften folgende **Mindestgliederung** der Erfolgsrechnung vor:

OR 663

> Die Erfolgsrechnung weist betriebliche und betriebsfremde sowie ausserordentliche Erträge und Aufwendungen aus.
>
> Unter Ertrag werden Erlös aus Lieferungen und Leistungen, der Finanzertrag sowie die Gewinne aus Veräusserungen von Anlagevermögen gesondert ausgewiesen.
>
> Unter Aufwand werden Material- und Warenaufwand, Personalaufwand, Finanzaufwand sowie Aufwand für Abschreibungen gesondert ausgewiesen.
>
> Die Erfolgsrechnung zeigt den Jahresgewinn oder den Jahresverlust.

Diese Gliederungsvorschriften wurden bei der Gestaltung der Lösungshilfe schon weit gehend berücksichtigt. Ihre Aufgabe ist es, die Erfolgsrechnung anhand der Minimalvorschriften von OR 663 und der am Rande aufgeführten Kontensalden zu vervollständigen.

▷ Honorarertrag	180
▷ Fahrzeugaufwand	14
▷ Lohnaufwand	85
▷ Sozialversicherungsaufwand	15
▷ Mietaufwand für Geschäftsräume	30
▷ Erdbebenschaden	5
▷ Übriger Betriebsaufwand	12
▷ Zinsaufwand für betriebliches Kontokorrent	6
▷ Hypothekarzinsen für Wohnblock	40
▷ Mietzinsertrag aus Wohnblock	70
▷ Werbeaufwand	4
▷ Übriger Liegenschaftsaufwand (für Wohnblock)	7
▷ Abschreibungen von Geschäftsmobiliar und EDV-Anlagen	20
▷ Abschreibung Wohnblock	3

Erfolgsrechnung 20_1

Erlös aus Lieferungen und Leistungen ....

./. ....

./. ....

./. ....

./. Übriger Betriebsaufwand ....

= **Betriebsverlust** ....

+ Betriebsfremder Ertrag ....

./. Betriebsfremder Aufwand ....

./. ....

= **Unternehmungsgewinn** ....

23.14

Beim Abschluss der Buchhaltung stellt sich die Frage, zu welchem Wert die einzelnen Bilanzpositionen in die Bilanz einzusetzen sind. Diese Tätigkeit der Wertermittlung nennt man **bewerten;** das Ergebnis heisst **Bewertung.**

Grundsätzlich müssen nur die Aktiven und die Schulden bewertet werden; das Eigenkapital (Reinvermögen) ergibt sich als Saldo:

Bilanz

Aktiven	Passiven
Aktiven (Vermögen)	Fremdkapital (Schulden)
	Eigenkapital (Reinvermögen)

Weil die Bewertung der Aktiven und der Schulden bei der Ermittlung des Reinvermögens und des Erfolgs einer Unternehmung von grosser Bedeutung ist, hat der Gesetzgeber Bewertungsvorschriften erlassen:

Bewertungsvorschriften

Allgemeine Vorschrift

OR 960: Wertansätze

Inventar, Betriebsrechnung und Bilanz sind in Landeswährung aufzustellen.

Bei ihrer Errichtung sind alle Aktiven höchstens nach dem Werte anzusetzen, der ihnen im Zeitpunkt, auf welchen die Bilanz errichtet wird, für das Geschäft zukommt.

Vorbehalten bleiben die abweichenden Bilanzvorschriften, die für Aktiengesellschaften, Kommanditaktiengesellschaften, Gesellschaften mit beschränkter Haftung sowie Versicherungs- und Kreditgenossenschaften aufgestellt sind.

Aktienrechtliche Vorschriften

OR 665: Anlagevermögen

Das Anlagevermögen darf höchstens zu den Anschaffungs- oder den Herstellungskosten bewertet werden, unter Abzug der notwendigen Abschreibungen.

OR 666: Vorräte

Rohmaterialien, teilweise oder ganz fertig gestellte Erzeugnisse sowie Waren dürfen höchstens zu den Anschaffungs- oder den Herstellungskosten bewertet werden.

Sind die Kosten höher als der am Bilanzstichtag allgemein geltende Marktpreis, so ist dieser massgebend.

OR 667: Wertschriften

Wertschriften mit Kurswert dürfen höchstens zum Durchschnittskurs des letzten Monats vor dem Bilanzstichtag bewertet werden.

Wertschriften ohne Kurswert dürfen höchstens zu den Anschaffungskosten bewertet werden, unter Abzug der notwendigen Wertberichtigungen.

Lösen Sie die folgenden Aufgaben mithilfe der abgebildeten provisorischen Bilanz.

Provisorische Schlussbilanz vor Gewinnverbuchung 31. 12. 20_1

Aktiven				Passiven		
Umlaufvermögen				**Fremdkapital**		
Kasse	10 000			Kreditoren	150 000	
Bank	30 000			Hypothek	400 000	550 000
Wertschriften	40 000					
Debitoren	90 000			**Eigenkapital**		
Vorräte	110 000	280 000		Aktienkapital	400 000	
				Reserven	75 000	
Anlagevermögen				Gewinnvortrag	5 000	
Einrichtungen	170 000			**Gewinn**	**20 000**	500 000
Liegenschaft	600 000	770 000				
		1 050 000				1 050 000

a) Nennen Sie je ein Konto aus den Aktiven und den Schulden, bei denen sich der Bilanzwert einfach und eindeutig feststellen lässt.

b) Bei welchen Bilanzpositionen ist der Wert nicht so einfach feststellbar?

Die **Wertschriften** sind börsenkotiert. Sie wurden Mitte 20_1 für Fr. 40000.– erworben. Der Börsenkurs Ende Jahr beträgt Fr. 38000.–, der durchschnittliche Börsenkurs im Dezember Fr. 35000.–.

c) Bewerten Sie die Wertschriften in der Bilanz zum gesetzlichen Höchstbetrag, und ermitteln Sie den Gewinn des Jahres 20_1 und das Eigenkapital per 31. 12. 20_1 neu.

Die **Geschäftsliegenschaft** wurde vor 16 Jahren für Fr. 1000000.– erworben. Heute weist sie einen geschätzten Marktwert von Fr. 2500000.– auf.

d) Warum wird diese Liegenschaft in der Bilanz nur zu Fr. 600000.– aufgeführt?

e) Welchen Einfluss auf Gewinn und Eigenkapital hätte eine Aufwertung der Liegenschaft auf den gesetzlich erlaubten Höchstbetrag?

f) Zu welchem Höchstwert dürfte diese Liegenschaft bei einer Einzelunternehmung bilanziert werden?

g) Warum ist die aktienrechtliche Bewertungsvorschrift strenger als die allgemeine?

23.15

Von einem neu gegründeten Handelsbetrieb liegt am Jahresende folgende provisorische Schlussbilanz vor:

Provisorische Schlussbilanz 31. 12. 20_1

Aktiven			Passiven		
Umlaufvermögen			**Fremdkapital**		
Liquide Mittel	20		Kreditoren	90	
Debitoren	70		Hypothek	130	220
Warenvorrat	60	150	**Eigenkapital**		
Anlagevermögen			Aktienkapital	100	
Anlagevermögen		250	Gewinn	80	180
		400			400

Die Geschäftsleitung beschliesst aufgrund des provisorischen Abschlusses die folgenden drei Korrekturen:

▷ Auf dem Anlagevermögen ist eine zusätzliche Abschreibung von 30 vorzunehmen.

▷ Der Warenvorrat wird nur zu 40 bewertet.

▷ Durch die Wahl eines höheren Umrechnungskurses für die Kreditoren in Fremdwährung erhöht sich der Bestand auf 92.

a) Wie lautet die definitive Schlussbilanz nach den Korrekturen?

Definitive Schlussbilanz 31. 12. 20_1

Aktiven			Passiven		
Umlaufvermögen			**Fremdkapital**		
Liquide Mittel	20		Kreditoren		
Debitoren	70		Hypothek	130	
Warenvorrat			**Eigenkapital**		
Anlagevermögen			Aktienkapital	100	
Anlagevermögen			Gewinn		

b) Welchen Zweck verfolgt die Geschäftsleitung mit diesen Korrekturen?

23.16

Von einem international tätigen Dienstleistungsbetrieb liegt am Jahresende folgende provisorische Schlussbilanz vor:

Provisorische Schlussbilanz 31. 12. 20_3

Aktiven   Passiven

Umlaufvermögen			**Fremdkapital**		
Bank	7		Kreditoren	40	
Wertschriften	20		Hypothek	120	160
Debitoren	33	60			
Anlagevermögen			**Eigenkapital**		
Einrichtungen	15		Aktienkapital	100	
Fahrzeuge	35		Reserven	60	
Liegenschaften	260	310	Gewinn	50	210
		370			370

Auf Antrag der Buchhaltungsabteilung werden nachträglich folgende Korrekturen vorgenommen:

▷ Die Abschreibungen sind bei den Einrichtungen und den Fahrzeugen um je 5 zu erhöhen.

▷ Durch Annahme eines tieferen Kurses für die Umrechnung der Debitoren in Fremdwährung ergibt sich eine Bewertungskorrektur von 3.

▷ Eine vorsichtigere Bewertung der Wertschriften führt zu einer Korrektur von 6.

▷ Durch die Wahl eines höheren Umrechnungskurses für die Kreditoren in Fremdwährung verändert sich der Bestand um 1.

▷ Die Immobilien werden um 10 tiefer bewertet.

Wie lautet die definitive Schlussbilanz nach den Korrekturen?

Definitive Schlussbilanz 31. 12. 20_3

Aktiven   Passiven

Umlaufvermögen			**Fremdkapital**		
Bank			Kreditoren		
Wertschriften			Hypothek		
Debitoren					
Anlagevermögen			**Eigenkapital**		
Einrichtungen			Aktienkapital		
Fahrzeuge			Reserven		
Liegenschaften			Gewinn		

23.17

Das Eigenkapital der Elektra AG setzte sich Ende 20_1 wie folgt zusammen:

▷ Aktienkapital 500 (vollständig einbezahlt)
▷ Gesetzliche Reserven 85
▷ Gewinnvortrag 63 (inkl. Gewinn des Jahres 20_1 von 60)

Die Elektra AG beschliesst an ihrer Generalversammlung vom 15. März 20_2 die Ausschüttung einer Dividende von 11%. Die Zuweisungen an die allgemeinen (d.h. gesetzlichen) Reserven sind nach OR 671 vorzunehmen.

OR 671 Abs. 1 bis 3

[1]5 Prozent des Jahresgewinns sind der allgemeinen Reserve zuzuweisen, bis diese 20 Prozent des einbezahlten Aktienkapitals erreicht.

[2]Dieser Reserve sind, auch nachdem sie die gesetzliche Höhe erreicht hat, zuzuweisen:

1. ein nach der Ausgabe von Aktien nach Deckung der Ausgabekosten über den Nennwert hinaus erzielter Mehrerlös, soweit er nicht zu Abschreibungen oder zu Wohlfahrtszwecken verwendet wird;

2. was von den geleisteten Einzahlungen auf ausgefallene Aktien übrig bleibt, nachdem ein allfälliger Mindererlös aus den dafür ausgegebenen Aktien gedeckt worden ist;

3. 10 Prozent der Beträge, die nach Bezahlung einer Dividende von 5 Prozent als Gewinnanteil ausgerichtet werden.

[3]Die allgemeine Reserve darf, soweit sie die Hälfte des Aktienkapitals nicht übersteigt, nur zur Deckung von Verlusten oder für Massnahmen verwendet werden, die geeignet sind, in Zeiten schlechten Geschäftsganges das Unternehmen durchzuhalten, der Arbeitslosigkeit entgegenzuwirken oder ihre Folgen zu mindern.

a) Erstellen Sie einen Gewinnverwendungsplan.

Gewinnverwendungsplan

Gewinnvortrag vor Gewinnverwendung	63
./. Erste Reservenzuweisung	
./. Dividende	
./. Zweite Reservenzuweisung	
= Gewinnvortrag nach Gewinnverwendung	

b) Wie hoch sind die Reserven nach Gewinnverwendung?

23.18

Am 23. April 20_4 beschliesst die Generalversammlung der Brunner AG, so viel ganze Prozent Dividende wie möglich auszuschütten. Der Gewinn des Jahres 20_3 beträgt 40.

Zwischenbilanz per 23. 4. 20_4

Aktiven					Passiven
Umlaufvermögen			**Fremdkapital**		
Flüssige Mittel	10		Kreditoren	120	
Debitoren	50		Hypothek	280	400
Vorräte	90	150			
Anlagevermögen			**Eigenkapital**		
Mobilien	40		Aktienkapital	200	
Maschinen	110		Gesetzliche Reserven	56	
Immobilien	400	550	Gewinnvortrag	44	300
		700			700

a) Erstellen Sie einen übersichtlichen Gewinnverwendungsplan.

Gewinnvortrag vor Gewinnverwendung	
./.	
./.	
./.	
= Gewinnvortrag nach Gewinnverwendung	

b) Zu welchen Buchungen führt der Generalversammlungsbeschluss am 23. April 20_4?

Sollbuchung	Habenbuchung	Betrag

c) Wie lauten die Buchungssätze für die Dividendenauszahlung per Bank am 25. April 20_4?

Sollbuchung	Habenbuchung	Betrag

d) Welches Problem stellt sich für die Brunner AG im Rahmen der Gewinnausschüttung?

23.50

Eine Gruppe von Hoteliers, Handwerkern und Bauern aus einem voralpinen Ski- und Wandergebiet gründete im Januar 20_1 eine Aktiengesellschaft mit dem Firmennamen **Freitzeitanlagen AG.** Unternehmenszweck ist der Bau und Betrieb einer Sesselbahn sowie einer Rutschbahn. Nachdem alle notwendigen Bewilligungen erteilt worden waren, kamen die Bauarbeiten dank tüchtiger Arbeiter, guter Planung und schönem Wetter zügig voran. Ende 20_1 präsentierte sich die Schlussbilanz wie folgt:

Schlussbilanz 31. 12. 20_1

Aktiven   Passiven

Umlaufvermögen			Fremdkapital		
Kasse		920	Kreditoren	133 518	
			Bank	267 402	
Anlagevermögen			Darlehen	1 000 000	1 400 920
Sesselbahn	1 000 000				
Rutschbahn	800 000				
Pistenfahrzeuge	500 000				
Beschneiungsanlagen	700 000		**Eigenkapital**		
Diverse Anlagen	400 000	3 400 000	Aktienkapital		2 000 000
		3 400 920			3 400 920

Die Anlagen konnten Anfang 20_2 eingeweiht und dem Betrieb übergeben werden. Führen Sie die Buchhaltung mit **EasyAccounting**. Der Kontenplan ist bereits erfasst und das Geschäftsjahr 20_2 eröffnet.

a) Verbuchen Sie die summarisch zusammengefassten Geschäftsfälle des Jahres 20_2.

Nr.	Geschäftsfälle	Betrag
1	Barverkauf von Tageskarten im Winter für die Sesselbahn	339 370
2	Barverkauf von Einzelbilletten im Sommer für die Sessel- und Rutschbahn	509 330
3	Bareinzahlungen auf das Bankkonto	845 300
4	Bankzahlungen für Personalaufwand	312 000
5	Bankzahlungen für Pachtzinsen (Das Land für die Sessel- und Rutschbahn sowie die Parkplätze wird von der Oberallmeind-Korporation gepachtet.)	36 000
6	Belastungen für Bankzinsen	15 460
7	Damit die Skipiste auch nachts genutzt werden kann, wird im Januar 20_2 gegen Rechnung eine Pistenbeleuchtungsanlage gekauft.	200 000
8	Rechnungen für Unterhalt, Reparaturen und Sicherheitschecks	32 625
9	Rechnungen für Strombezüge und Dieseltreibstoffkäufe	61 425
10	Bankzahlungen an Kreditoren	374 109
11	Bankzahlungen für Versicherungsprämien (Haftpflicht, Fahrzeuge)	22 400
12	Bankzahlung für eine Teilrückzahlung des Darlehens (Das Darlehen des regionalen Entwicklungsverbandes ist zinslos, aber in 10 Jahresraten rückzahlbar.)	100 000
13	Bankzahlungen für Werbeaufwand	71 650
14	Bankzahlungen für diversen Aufwand	48 140
15	Die Anlagen sind im Verlaufe der Nutzungsdauer gleichmässig abzuschreiben (so genannte lineare Abschreibung). Die voraussichtliche Nutzungsdauer des Anlagevermögens beträgt 20 Jahre, ausser bei den Pistenfahrzeugen, die in 10 Jahren abzuschreiben sind.	?

b) Errichten Sie die Bilanz sowie die Erfolgsrechnung, und ermitteln Sie den Gewinn für das Geschäftsjahr 20_2.

c) Verbuchen Sie den Gewinn des Geschäftsjahres 20_2, indem sie ihn auf das Konto Gewinnvortrag übertragen.

d) Eröffnen Sie das neue Geschäftsjahr 20_3.

Hinweis: Wählen Sie im Hauptmenü «Neue Buchhaltung», und fahren Sie fort mit dem Menüpunkt «Den Kontenplan und die Eröffnungsbuchungen einer bestehenden Buchhaltung übernehmen». Anschliessend werden Sie von EasyAccounting weiter geführt.

e) Verbuchen Sie die summarisch zusammengefassten Geschäftsfälle des Jahres 20_3.

Nr.	Geschäftsfälle	Betrag
1	Barverkauf von Tageskarten im Winter an Einzelpersonen	281 622
2	Kreditverkauf von Tageskarten im Winter an Reiseunternehmungen (Carreisen)	72 400
3	Bankzahlungen von Reiseunternehmungen	68 900
4	Barverkauf von Einzelbilletten im Sommer	535 678
5	Bareinzahlungen auf das Bankkonto	818 100
6	Bankzahlungen für Personalaufwand	312 000
7	Bankzahlungen für Pachtzinsen	36 000
8	Belastungen für Bankzinsen	18 754
9	Im Mai 20_3 findet die jährliche Generalversammlung statt. Die Aktionäre beschliessen, den Gewinn des Geschäftsjahres 20_2 wie folgt zu verwenden: ▷ Reservenzuweisung 5% ▷ Dividendenzuweisung 2%	?
10	Ein paar Tage später erfolgt die Auszahlung der von der Generalversammlung beschlossenen Dividende: ▷ Die Nettodividende von 65% wird durch Bankzahlung an die Aktionäre ausgeschüttet. ▷ Die Verrechnungssteuer von 35% wird der eidg. Steuerverwaltung gutgeschrieben.	? ?
11	Rechnungen für Unterhalt, Reparaturen und Sicherheitschecks	28 301
12	Bankzahlung an die eidg. Steuerverwaltung (Verrechnungssteuer auf Dividende)	?
13	Rechnungen für Strombezüge und Dieseltreibstoffkäufe	64 843
14	Bankzahlungen an Kreditoren	74 958
15	Bankzahlungen für Versicherungsprämien (Haftpflicht, Fahrzeuge)	22 400
16	Bankzahlung für eine Teilrückzahlung des Darlehens	100 000
17	Bankzahlungen für Werbeaufwand	38 402
18	Bankzahlungen für diversen Aufwand	44 390
19	Abschreibungen	?

f) Ermitteln Sie den Gewinn für das Geschäftsjahr 20_3 gemäss Bilanz und Erfolgsrechnung, und übertragen Sie ihn auf den Gewinnvortrag.

Gesellschaft mit beschränkter Haftung

24.01

Von der Optima GmbH liegt die Schlussbilanz per 31.12.20_1 vor:

Schlussbilanz vor Gewinnverbuchung per 31.12.20_1

Aktiven			Passiven		
Umlaufvermögen			**Fremdkapital**		
Flüssige Mittel	30		Lieferantenkreditoren	140	
Debitoren	70		Hypothek	320	460
Vorräte	90	190			
Anlagevermögen			**Eigenkapital**		
Mobilien	30		Stammkapital	400	
Maschinen	80		Reserven	17	
Immobilien	600	710	Gewinnvortrag	3	
			Gewinn	?	440
		900			900

a) Bei welcher Bilanzposition unterscheidet sich die GmbH von der Aktiengesellschaft?

b) Nennen Sie den Buchungssatz für die Gewinnverbuchung Ende 20_1, und vervollständigen Sie die Schlussbilanz nach der Gewinnverbuchung per 31. Dezember 20_1.

Soll	Haben	Betrag

Schlussbilanz nach Gewinnverbuchung per 31.12.20_1

Aktiven			Passiven		
Umlaufvermögen			**Fremdkapital**		
Flüssige Mittel	30		Lieferantenkreditoren	140	
Debitoren	70		Hypothek	320	460
Vorräte	90	190			
Anlagevermögen			**Eigenkapital**		
Mobilien	30				
Maschinen	80				
Immobilien	600	710			
		900			900

Journal und Hauptbuch 20_2

Datum	Geschäftsfall
01. 01.	Eröffnungsbilanz
10. 04.	Reservenzuweisung
10. 04.	Dividendenzuweisung
13. 04.	Gutschrift der VSt
13. 04.	Auszahlung der Nettodivide
12. 05.	Überweisung der VSt an die eidg. Steuerverwaltu
12. 05.	Kontensalden nach Gewinnverwendung

Die Gesellschafterversammlung findet alljährlich innerhalb von sechs Monaten nach Abschluss des Geschäftsjahres statt. Zu den Befugnissen der Gesellschafterversammlung gehören nach OR 810 die Genehmigung von Bilanz und Erfolgsrechnung sowie die Beschlussfassung über die **Verwendung des Gewinnes.**

Die Gesellschafterversammlung vom 10. April 20_2 beschliesst:

▷ die gesetzlich vorgeschriebene Reservenzuweisung vorzunehmen

▷ so viele ganze Prozente Dividende wie möglich auszuschütten

▷ den Rest als Gewinnvortrag auf die neue Rechnung vorzutragen

c) Erstellen Sie den Gewinnverwendungsplan.

Gewinnverwendungsplan vom 10. 4. 20_2

Gewinnvortrag vor Gewinnverwendung	Fr. _____
./. Zuweisung an die gesetzlichen Reserven	Fr. _____
./. Dividende	Fr. _____
= Gewinnvortrag nach Gewinnverwendung	Fr. _____

d) Verbuchen Sie die Gewinnverwendung im untenstehenden Journal bzw. Hauptbuch.

...hungssatz	Kreditor VSt		Dividenden		Reserven		Gewinnvortrag	
...rse Buchungssätze								
...e Buchungen, nur ...isorische Saldenermittlung								

24

24.02

An der Fidelio GmbH sind die beiden Gesellschafter D. Fluder (Anteil am Stammkapital 60%) und C. Meyer (Anteil am Stammkapital 40%) beteiligt.

Eröffnungsbilanz 1. 1. 20_2

Aktiven				Passiven		
Umlaufvermögen				**Fremdkapital**		
Bank	15			Lieferantenkreditoren	550	
Debitoren	175			Kontokorrent Fluder	50	
Kontokorrent Meyer	10			Hypothek	750	1 350
Vorräte	450	650				
Anlagevermögen						
Mobilien	250			**Eigenkapital**		
Maschinen	400			Stammkapital	1 000	
Immobilien	1 500	2 150		Reserven	339	
				Gewinnvortrag①	111	1 450
		2 800				2 800

a) Als Kurzzahl beträgt das Stammkapital in dieser Aufgabe 1000. Wie viele Franken könnte das Stammkapital in Wirklichkeit betragen?

An der Gesellschafterversammlung vom 27. März 20_2 beschliessen die beiden Gesellschafter, so wenig Reserven wie gesetzlich vorgeschrieben und so viele ganze Prozente Dividenden wie möglich auszuschütten.

b) Erstellen Sie einen Gewinnverwendungsplan.②

Gewinnverwendungsplan

Gewinnvortrag vor Gewinnverwendung	Fr. _____
./. Erste Reservenzuweisung	Fr. _____
./. Dividende	Fr. _____
./. Zweite Reservenzuweisung	Fr. _____
= Gewinnvortrag nach Gewinnverwendung	Fr. _____

① Der Gewinnvortrag enthält den Gewinn des Geschäftsjahres 20_1 von 108 sowie einen Gewinnrest aus früheren Jahren von 3.

② Gemäss OR 805 sind bei der GmbH bezüglich Reservenbildung die gleichen Bestimmungen wie bei Aktiengesellschaften anzuwenden. Die aktienrechtlichen Vorschriften von OR 671 finden Sie weiter vorne im Buch unter Aufgabe 23.17.

c) Wie lauten die Buchungssätze für die Reservenzuweisung und die Dividendenausschüttung? Die Nettodividenden werden nicht ausbezahlt, sondern den beiden Gesellschaftern auf ihren Kontokorrenten gutgeschrieben.

Journal

Datum	Text	Buchung		Betrag
		Soll	Haben	
27. 03. 20_2	Reservenzuweisung			
27. 03. 20_2	Dividendenzuweisung			
28. 03. 20_2	Gutschrift der Verrechnungssteuer			
28. 03. 20_2	Gutschrift Nettodividende D. Fluder			
28. 03. 20_2	Gutschrift Nettodividende C. Meyer			
25. 04. 20_2	Überweisung der VSt an die eidg. Steuerverwaltung			

d) Wie hoch ist der Saldo des Kontokorrentkontos C. Meyer nach der Dividendengutschrift, und was stellt dieser Posten für die GmbH rechtlich dar? (Es ist davon auszugehen, dass seit der Eröffnung keine weiteren Buchungen auf dem Kontokorrent erfolgten.)

e) Weshalb ist es in der Situation der Fidelio GmbH zweckmässig, die Dividenden nicht auszuzahlen, sondern den Kontokorrentkonten der Gesellschafter gutzuschreiben? (Bei dieser Beurteilung ist davon auszugehen, dass die Bilanz am 28. März 20_2 in den Grössenordnungen ähnlich aussieht wie am 1. Januar 20_2.)

f) Wie verbucht C. Meyer die Dividendengutschrift vom 28. März 20_2?

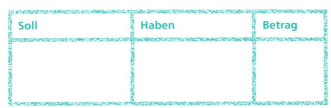

Soll	Haben	Betrag

24

24.03

Vervollständigen Sie die Tabelle.

Nr.	Frage	Einzelunternehmung	Kollektivgesellschaft
1	Aus welchen Positionen besteht das Eigenkapital in der Schlussbilanz nach Gewinnverbuchung?		
2	Mit welcher Buchung wird der Jahresgewinn auf das Eigenkapital übertragen (Gewinnverbuchung)?		
3	Mit welchen Buchungen werden die Gewinnauszahlungen erfasst?		
4	Wie erfolgt die Besteuerung von Gewinn und Eigenkapital der Unternehmung?		
5	Weshalb unterliegen die einen Gewinnauszahlungen der Verrechnungssteuer und andere nicht?		
6	Wie haften der Unternehmer bzw. die Gesellschafter für die Schulden ihrer Unternehmung?		
7	Welche Personen (Unternehmer bzw. Gesellschafter) werden im Handelsregister mit Namen aufgeführt?		
8	Wie wird die Firma (= Firmenname) gebildet?		

	GmbH

24.04

Welches sind die fünf rechtlichen bzw. buchhalterischen Fehler in den folgenden Ausführungen?

Die Gesellschafter Meier (Stammanteil Fr. 8000.–) und Müller (Stammanteil Fr. 2000.–) betreiben als Nebenerwerb eine kleine Gesellschaft mit beschränkter Haftung unter der Firma **M & M Consulting.** Das voll einbezahlte Eigenkapital setzte sich in der Schlussbilanz vor der Gewinnverbuchung per 31. 12. 20_4 wie folgt zusammen:

Eigenkapital

Stammkapital	Fr 10 000.–
Reserven	Fr. 900.–
Gewinnvortrag	Fr. 200.–
Gewinn 20_4	Fr. 20 000.–
Total Eigenkapital	Fr. 31 100.–

Am 22. August 20_5 beschliessen die beiden Gesellschafter an der jährlichen Gesellschafterversammlung, den Gewinn wie folgt zu verwenden:

Gewinnverwendungsplan

Gewinnvortrag vor Gewinnverwendung	Fr. 20 200.–
./. Zuweisung an die gesetzlichen Reserven	– Fr. 1 000.–
./. Dividende	– Fr. 10 000.–
= Gewinnvortrag nach Gewinnverwendung	Fr. 9 200.–

Die Gewinnverwendung wird wie folgt verbucht:

Journal

Datum	Text	Buchung		Betrag
		Soll	Haben	
22. 08. 20_5	Reservenzuweisung	Gewinnvortrag	Reserven	1 000
24. 08. 20_5	Dividendenzuweisung	Gewinnvortrag	Dividenden	10 000
24. 08. 20_5	Gewinnanteil Meier	Dividenden	Kontokorrent Meier	8 000
24. 08. 20_5	Gewinnanteil Müller	Dividenden	Kontokorrent Müller	2 000

Abschreibungen

25.01

Unter Abschreibungen versteht man im allgemeinen Sprachgebrauch die buchhalterische Erfassung von Wertverlusten auf den Aktiven.

Warum verlieren folgende Aktiven an Wert? Schreiben Sie die Ursachen stichwortartig zu den Bildern.

a)

b)

c)

d)

e)

f)

g)

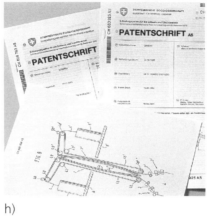

h)

i)

k)

l)

m)

25.02

Beim Kreditkauf einer Maschine entstehen folgende Ausgaben:

Kaufpreis für die Maschine	Fr. 190 000.–
+ Bezugskosten (Fracht, Zoll, Transportversicherung)	Fr. 4 000.–
+ Montage der Maschine	Fr. 6 000.–
= Anschaffungswert	Fr. 200 000.–

a) Wie wird dieser Kauf verbucht? Nennen Sie den Buchungssatz mit Betrag.

Im Verlaufe der Zeit nimmt der Wert der Maschine infolge Abnützung und technischem Fortschritt ab, weshalb sie in der Buchhaltung abgeschrieben werden muss.

b) Wie wirkt sich die Abschreibung auf das Vermögen und den Erfolg dieser Unternehmung aus?

c) Welche Grössen benötigen Sie, um den jährlichen Abschreibungsbetrag zu bestimmen?

▷

▷

▷

d) Wie hoch ist der jährliche Abschreibungssatz in Prozenten des Anschaffungswertes, sofern die Maschine im Verlaufe der Nutzungsdauer gleichmässig abgeschrieben wird und folgende Annahmen gelten?

▷ Die voraussichtliche Nutzungsdauer der Maschine beträgt fünf Jahre.

▷ Am Ende der Nutzungsdauer kann nicht mit einem Liquidationswert gerechnet werden.

e) Ermitteln Sie mithilfe der Tabelle die jährlichen Abschreibungsbeträge bei einem jährlichen Abschreibungssatz von 20% des Anschaffungswertes.

Lineare Abschreibung: Abschreibungssatz = 20% des Anschaffungswertes

Jahr	Buchwert Anfang Jahr	Abschreibungsbetrag	Buchwert Ende Jahr
1	Fr. 200 000.–	20% von Fr. 200 000.– =	
2			
3			
4			
5			

f) Ermitteln Sie mithilfe der Tabelle die jährlichen Abschreibungsbeträge bei einem jährlichen Abschreibungssatz von 40% des Buchwertes.

Degressive Abschreibung: Abschreibungssatz = 40% des Buchwertes

Jahr	Buchwert Anfang Jahr	Abschreibungsbetrag	Buchwert Ende Jahr
1	Fr. 200 000.–	40% von Fr. 200 000.– =	
2			
3			
4			
5			

g) Tragen Sie die in den beiden Tabellen ermittelten Werte ins Koordinatensystem ein:

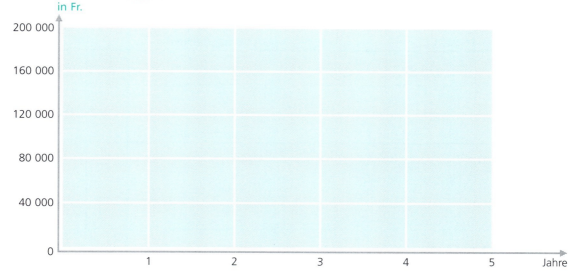

h) Ab welchem Jahr ist die jährliche Abschreibung vom Anschaffungswert betragsmässig grösser als die Abschreibung vom Buchwert?

i) Weshalb ist der Prozentsatz bei der Abschreibung vom Buchwert doppelt so hoch wie bei der Abschreibung vom Anschaffungswert?

k) Die degressive Abschreibung führt rechnerisch nie zu einem Buchwert von 0. Wie wird dieses Problem in der Praxis gelöst?

l) Welches Abschreibungsverfahren ist für die Abschreibung dieser Maschine zweckmässiger?

25.03

Ein Fahrzeug mit einem Anschaffungswert von Fr. 80 000.– ist im Verlaufe der voraussichtlichen Nutzungsdauer von 3 Jahren auf einen Liquidationswert von Fr. 5 000.– linear abzuschreiben.

Wie lauten die Konteneintragungen sowie die Bilanz und die Erfolgsrechnung, wenn

a) direkt abgeschrieben wird?

b) indirekt abgeschrieben wird?

a) Direkte Abschreibung

1. Jahr

Fahrzeug

Abschreibungen

Schlussbilanz 31. 12. 20_1

Erfolgsrechnung 20_1

2. Jahr

Fahrzeug

Abschreibungen

Schlussbilanz 31. 12. 20_2

Erfolgsrechnung 20_2

3. Jahr

Fahrzeug

Abschreibungen

Schlussbilanz 31. 12. 20_3

Erfolgsrechnung 20_3

b) Indirekte Abschreibung

1. Jahr

Fahrzeug	

Wertberichtigung Fahrzeug	

Abschreibungen	

Schlussbilanz 31. 12. 20_1	

Erfolgsrechnung 20_1	

2. Jahr

Fahrzeug	

Wertberichtigung Fahrzeug	

Abschreibungen	

Schlussbilanz 31. 12. 20_2	

Erfolgsrechnung 20_2	

3. Jahr

Fahrzeug	

Wertberichtigung Fahrzeug	

Abschreibungen	

Schlussbilanz 31. 12. 20_3	

Erfolgsrechnung 20_3	

25.04

Über die Maschinen sind im Geschäftsjahr 20_1 folgende Tatbestände bekannt (Beträge in Fr. 1000.–):

01.01.20_1	Eröffnung: Anschaffungswerte der Maschinen 600, kumulierte Abschreibungen 400①
23.04.20_1	Kreditkauf einer neuen Maschine: Kaufpreis 90, Bezugskosten 3, Montage 7
17.11.20_1	Barverkauf einer alten Maschine für 10 (Anschaffungswert 80, Buchwert 10)
31.12.20_1	Abschreibungen 50

Verbuchen Sie diese Geschäftsfälle bei direkter und indirekter Abschreibung, und schliessen Sie die Konten ab (Lösungshilfen nebenstehend).

---

① Bei direkter Abschreibung sind die Anschaffungswerte und die kumulierten Abschreibungen nicht aus der Finanzbuchhaltung ersichtlich. In der Regel führen jedoch die Unternehmungen im Sinne einer Hilfsbuchhaltung detaillierte Aufzeichnungen über das materielle Anlagevermögen wie Maschinen, Fahrzeuge oder Immobilien, aus denen alles Wissenswerte über die Anlagen ersichtlich ist, z.B. die Anschaffungswerte, die kumulierten Abschreibungen, die Nutzungsdauern, die Lieferanten, die Standorte der Anlagen im Betrieb oder Angaben über Reparaturen und Unterhalt. Wenn solche Aufzeichnungen systematisch gemacht werden, nennt man diesen Teil der Buchhaltung **Anlagenbuchhaltung.**

Journal und Konten zu 25.04

a) Direkte Abschreibung

Datum	Text
01.01.20_1	Eröffnung
23.04.20_1	Kauf
17.11.20_1	Verkauf
31.12.20_1	Abschreibung
31.12.20_1	Abschluss

b) Indirekte Abschreibung

Datum	Text
01.01.20_1	Eröffnung
23.04.20_1	Kauf
17.11.20_1	Verkauf
31.12.20_1	Abschreibung
31.12.20_1	Abschluss

25.05

Ein Fahrzeug wurde am 01.01.20_1 für 340 gekauft. Es wird mit einer Nutzungsdauer von 6 Jahren und einem Restwert am Ende der Nutzungsdauer von 40 gerechnet.

Wie lauten die Buchungssätze sowie die Konteneintragungen für das Jahr 20_4, wenn linear abgeschrieben wird (Lösungshilfe nebenstehend)?

Journal und Konten zu 25.05

Datum	Text
01.01.20_4	Eröffnung
31.12.20_4	Abschreibung
31.12.20_4	Abschluss

...hungssatz		Maschinen		Abschreibungen	
...chinen/Bilanz					
...rse					

...hungssatz		Maschinen		Wertberichtigung Maschinen		Abschreibungen	
...rse							
...rse							

...hungssatz		Fahrzeug		Wertberichtigung Fahrzeug		Abschreibungen	

25.06

Führen Sie die Konten bei direkter und indirekter Abschreibung in Bezug auf folgende Buchungstatbestände (Beträge in Fr. 1000.–):

01.01.20_4	Eröffnung: Anschaffungswerte der Maschinen 800, kumulierte Abschreibungen 300
03.06.20_4	Kreditkauf einer neuen Maschine: Kaufpreis 110, Bezugskosten 4, Montage 16
10.10.20_4	Barverkauf einer alten Maschine für 14 (Anschaffungswert 100, Buchwert 10)
31.12.20_4	Abschreibungen 80

Journal und Konten zu 25.06

a) Direkte Abschreibung

Datum	Text
01.01.20_4	Eröffnung
03.06.20_4	Kauf
10.10.20_4	Verkauf
31.12.20_4	Abschreibung
31.12.20_4	Abschluss

b) Indirekte Abschreibung

Datum	Text
01.01.20_4	Eröffnung
03.06.20_4	Kauf
10.10.20_4	Verkauf
31.12.20_4	Abschreibung
31.12.20_4	Abschluss

25.07

Ein Fahrzeug wurde am 01.01.20_1 für 80 gekauft. Die Abschreibung erfolgt degressiv mit einem Satz von 25%.

Wie lauten die Buchungssätze sowie die Konteneintragungen für das Jahr 20_2 (Lösungshilfe nebenstehend)?

Journal und Konten zu 25.07

Datum	Text
01.01.20_2	Eröffnung
31.12.20_2	Abschreibung
31.12.20_2	Abschluss

hungssatz	Maschinen		Abschreibungen	
erse				
erse				

hungssatz	Maschinen		Wertberichtigung Maschinen		Abschreibungen	
erse						
erse						

hungssatz	Fahrzeug		Wertberichtigung Fahrzeug		Abschreibungen	

25.08

Die folgenden Geschäftsfälle sind bei direkter und indirekter Abschreibung zu verbuchen (Beträge in Fr. 1000.–, Lösungshilfe nebenstehend):

01.01.20_7	Eröffnung: Anschaffungswerte der Fahrzeuge 700, kumulierte Abschreibungen 400
26.08.20_7	Kreditkauf eines neuen Fahrzeugs: Bruttokaufpreis 100, Rabatt 10%
11.11.20_7	Barverkauf eines ausgedienten Fahrzeugs für 20 (Anschaffungswert 80, Buchwert 30)
31.12.20_7	Abschreibungen 80

25.09

Der Anschaffungswert einer Maschine beträgt Fr. 150 000.–, die geschätzte Nutzungsdauer 5 Jahre, der voraussichtliche Restwert am Ende der Nutzungsdauer 20% des ursprünglichen Anschaffungswerts. Die Abschreibung erfolgt linear und indirekt.

a) Wie lautet der Buchungssatz für die Abschreibung im 3. Jahr?

b) Skizzieren Sie die Bilanz am Ende des 3. Jahres.

25.10

Ein Fahrzeug mit einem Buchwert von Fr. 10 000.– wird bar verkauft. Wie lauten die notwendigen Buchungssätze, wenn der Verkaufserlös

a) Fr. 10 000.– beträgt?

b) Fr. 7 000.– beträgt?

c) Fr. 12 000.– beträgt?

25.11

Dieses Fahrzeug wird nach fünfjährigem Gebrauch vor Ende der Nutzungsdauer gegen bar veräussert.

▷ Anschaffungswert	80 000
▷ Kumulierte Abschreibungen	50 000
▷ Buchwert	30 000
▷ Nutzungsdauer	8 Jahre
▷ Abschreibung	linear
▷ Verkaufspreis	25 000

Skizzieren Sie die notwendigen Konten, und nennen Sie die Buchungssätze bei

a) direkter Verbuchung?

b) indirekter Verbuchung?

Journal und Konten zu 25.08

Direkte Abschreibung

Datum	Text
01.01.20_7	Eröffnung
26.08.20_7	Kauf
11.11.20_7	
31.12.20_7	Abschreibung
31.12.20_7	Abschluss

Indirekte Abschreibung

Datum	Text
01.01.20_7	Eröffnung
26.08.20_7	Kauf
11.11.20_7	
31.12.20_7	Abschreibung
31.12.20_7	Abschluss

hungssatz		Fahrzeuge		Abschreibungen	
rse					
rse					

hungssatz		Fahrzeuge		Wertberichtigung Fahrzeuge		Abschreibungen	
rse							
rse							

25.12

Aus der Anlagenbuchhaltung lassen sich für die Maschinen folgende Angaben in Fr. 1000.– entnehmen:

	Ende 20_3	Ende 20_4	Ende 20_5
Anschaffungswerte	540	620	600
Kumulierte Abschreibungen	240	270	310

a) Erstellen Sie die Schlussbilanz per Ende 20_3, wenn in der Finanzbuchhaltung direkt bzw. indirekt abgeschrieben wurde.

Schlussbilanz 31. 12. 20_3 (direkte Abschreibung)

Aktiven   Passiven

Schlussbilanz 31. 12. 20_3 (indirekte Abschreibung)

Aktiven   Passiven

b) Wie lauten per Ende 20_4 die Buchungssätze mit Betrag für die direkte bzw. die indirekte Abschreibung? (Es ist davon auszugehen, dass im Jahr 20_4 keine Maschinen verkauft worden sind.)

Direkte Abschreibung

Indirekte Abschreibung

c) Warum ist die Bilanz bei indirekter Abschreibung informativer?

d) Kreuzen Sie an, ob die folgenden Aussagen richtig oder falsch sind:

Nr.	Aussagen (Beträge in Fr. 1000.–)	Richtig	Falsch
1	Ende 20_5 betrug der Buchwert der Anlagen 290.		
2	Im Jahr 20_5 betrugen die Abschreibungen 20.		
3	Im Jahr 20_4 ist mindestens eine zusätzliche Maschine gekauft worden.		
4	Ende 20_4 betrug der Buchwert der Anlagen 270.		
5	Beim Verkauf einer Maschine im Jahr 20_4 entstand ein Verlust von 30.		
6	Im Jahre 20_5 ist mindestens eine nicht mehr benötigte Maschine verkauft worden.		
7	In der Schlussbilanz vom 31. 12. 20_3 wurden die Maschinen mit 300 aufgeführt, sofern in der Finanzbuchhaltung direkt abgeschrieben wird.		
8	Aufgrund dieser Zahlen lässt sich nicht zweifelsfrei feststellen, ob in dieser Unternehmung linear oder degressiv abgeschrieben wird.		

25.13

Führen Sie das Konto Kreditoren in CHF, und nennen Sie die Buchungssätze.

Nr.	Text	Buchungssatz	Kreditoren	
1	Die Rechnung für den Kauf einer Maschine aus den USA von USD 20000.– wird zum Kurs von CHF 1.20/USD verbucht.			
2	Die Rechnung wird zwei Monate später mittels Banküberweisung von USD 20000.– bezahlt. Die Bank belastet den Betrag zum Kurs von CHF 1.10/USD.			
3	Verbuchung der Kursdifferenz			

25.14

Führen Sie das Konto Kreditoren in CHF, und nennen Sie die Buchungssätze.

Nr.	Text	Buchungssatz	Kreditoren	
1	Die Rechnung für den Kauf eines Spezialfahrzeugs aus Frankreich von EUR 50000.– wird zum Kurs von CHF 1.50/EUR verbucht.			
2	Der Lieferant gewährt nachträglich einen Rabatt von 4%. Die Gutschrift ist zum Kurs von CHF 1.50/EUR zu verbuchen.			
3	Die Rechnung wird nach 30 Tagen per Bank unter Anwendung eines Tageskurses von CHF 1.60/EUR beglichen.			
4	Verbuchung der Kursdifferenz			

25.15

Die Rechnung von EUR 10000.– für den Kauf eines Werkzeugs in Deutschland wurde im Zeitpunkt der Lieferung zum Kurs von Fr. 1.60/EUR erfasst. Bei der Zahlung der Rechnung nach 60 Tagen wandte die Bank einen Kurs von 1.55 an.

Mit welchen drei Buchungen wurde dieser Geschäftsverkehr erfasst?

25.16

Anstatt indirekt, linear abzuschreiben, wurde am Ende des zweiten Jahres aus Versehen «Abschreibungen an Einrichtungen Fr. 5 000.–» (= 10% des Anschaffungswerts) gebucht.

Korrigieren Sie den Fehler

a) mit zwei Buchungen (zuerst falsche Buchung stornieren, anschliessend richtige Buchung ausführen)

b) mit einer Buchung.

25.17

Ein Reiseunternehmen verkauft einen gebrauchten Autocar nach fünf Jahren Nutzungsdauer gegen Barzahlung nach Osteuropa. Vor dem Verkauf war das bisherige Fahrzeug in der Buchhaltung wie folgt erfasst:

▷ Anschaffungswert	400 000
▷ Kumulierte Abschreibungen	250 000

Welche Buchungen sind bei folgenden Verkaufserlösen notwendig?

a) Fr. 150 000.–

b) Fr. 170 000.–

c) Fr. 110 000.–

25.18

Über eine Maschine liegen folgende Informationen vor (Beträge in Fr. 1 000.–):

▷ Kaufpreis (Anfang 20_1)	320
▷ Bezugskosten (Transport und Zoll)	8
▷ Montagekosten	12
▷ Nutzungsdauer	6 Jahre
▷ Restwert am Ende der Nutzungsdauer	40
▷ Abschreibung	linear, indirekt

a) Führen Sie für diese Maschine folgende Konten für das Jahr 20_3:

    ▷ Maschine

    ▷ Wertberichtigung Maschine

    ▷ Abschreibungen

b) Skizzieren Sie die Schlussbilanz per 31. 12. 20_3.

Journal und Konten zu 25.19c)

Datum	Geschäftsfall
01. 01. 20_3	Eröffnung
31. 12. 20_3	Abschreibung
31. 12. 20_3	Abschluss

25.19

Ein Fahrzeug wurde Anfang 20_1 für Fr. 100 000.– gekauft. Es soll Ende 20_5 zum voraussichtlichen Occasionswert (Liquidationswert) von 20% des Anschaffungswertes verkauft werden.

a) Wie lautet der Buchungssatz (mit Betrag) für die Abschreibungen Ende 20_4, sofern direkt und linear abgeschrieben wird?

b) Wie lautet die Eröffnungsbilanz am 1. 1. 20_3, sofern indirekt und linear abgeschrieben wird?

Eröffnungsbilanz 1. 1. 20_3

Aktiven	Passiven

c) Führen Sie die im Zusammenhang mit den Anlagen und deren Abschreibung notwendigen Konten im Jahr 20_3 bei indirekter, linearer Abschreibung (Lösungshilfe untenstehend).

d) Anfang 20_6 wird das Fahrzeug für Fr. 18 000.– gegen bar verkauft. Wie lauten die Buchungssätze (mit Betrag) bei direkter, linearer Abschreibung?

hungssatz						
erse						
erse						

25.20

Beantworten Sie die Fragen zu den linearen und degressiven Abschreibungen. Für Berechnungen gilt folgendes Zahlenbeispiel: Eine Maschine mit einem Anschaffungswert von Fr. 200000.– wird innerhalb einer Nutzungsdauer von 5 Jahren vollständig abgeschrieben.

Nr.	Frage	Lineare Abschreibung (Abschreibungssatz 20%)	Degressive Abschreibung (Abschreibungssatz 40%)
1	Auf welche Werte beziehen sich die genannten Abschreibungssätze?		
2	Wie hoch ist der Abschreibungsbetrag im 2. Jahr?		
3	Weshalb werden die Verfahren linear bzw. degressiv genannt?		
4	Wie lautet der Buchungssatz mit Betrag für die Abschreibung im 2. Jahr, wenn direkt abgeschrieben wird?		
5	Wie lautet der Buchungssatz mit Betrag für die Abschreibung im 2. Jahr, wenn indirekt abgeschrieben wird?		
6	Wie hoch muss der Abschreibungsbetrag im 5. Jahr sein, damit am Ende der Nutzungsdauer ein Buchwert von Null erreicht wird?		
7	Welches ist der wichtigste Vorteil jeder Methode?		

25.21

Beantworten Sie die Fragen zur direkten und indirekten Abschreibung. Für Berechnungen gilt folgendes Zahlenbeispiel: Ein Reisebus mit einem Anschaffungswert von Fr. 500 000.– wird innerhalb einer Nutzungsdauer von 5 Jahren linear auf einen Occasionswert von Fr. 100 000.– abgeschrieben.

Nr.	Frage	Direkte Abschreibung	Indirekte Abscheibung
1	Welche Buchung ergibt sich beim Barkauf?		
2	Wie lautet die Sollbuchung mit Betrag für die Abschreibung im 4. Jahr?		
3	Wie lautet die Habenbuchung mit Betrag für die Abschreibung im 4. Jahr?		
4	Weshalb heissen die Abschreibungstechniken direkt bzw. indirekt?		
5	Welche Informationen zum Reisebus enthält die Bilanz Ende 3. Jahr?		
6	Welche Abschreibungsinformationen können der Erfolgsrechnung des 3. Jahres entnommen werden?		
7	Welches ist der wichtigste Vorteil jeder Methode?		

25.22

H. Haller erhält von der öffentlichen Hand die Konzession für den Betrieb einer privaten Buslinie von Seldwyla nach Oberdorf in den Jahren 20_1 bis 20_3.

Um den Busbetrieb zu gewährleisten, gründet er Ende 20_0 eine Einzelunternehmung mit einer Bareinzahlung aus seinem Privatvermögen von Fr. 20000.–. Mit diesem Geld kauft er Ende 20_0 einen gebrauchten Kleinbus, den er voraussichtlich noch drei Jahre fahren kann und anschliessend einem Occasionshändler für etwa Fr. 2000.– verkaufen will. Mit der Durchführung der Busfahrten betraut er einen zuverlässigen Chauffeur.

H. Haller rechnet (budgetiert) jährlich mit folgenden Aufwänden und Erträgen:

Erfolgsrechnung

Aufwand		Ertrag	
Diverser Baraufwand wie Löhne, Diesel, Öl, Reifen, Service, Reparaturen und Unterhalt, Steuern, Versicherungen, Reinigung, Abgaben	50 000	Transportertrag bar	60 000
Abschreibungen (linear)			
Gewinn			

a) Vervollständigen Sie die obige Erfolgsrechnung.

b) Führen Sie das **Kassakonto** für die Jahre 20_1 bis 20_3.

Datum	Geschäftsfall	Buchungssatz
01.01.	Anfangsbestand	Kasse/Bilanz
Diverse	Transporterträge bar	Kasse/Transportertrag
Diverse	Baraufwände	Diverser Aufwand/Kasse
31.12.	Abschluss	Bilanz/Kasse

c) Wie hoch ist die jährliche Zunahme des Geldbestandes infolge der Geschäftstätigkeit?

d) Die bei Frage c) ermittelte Grösse wird im Geschäftsleben Cashflow (wörtlich Bargeldfluss) genannt.

Wie lässt sich der Cashflow aus der obigen Erfolgsrechnung direkt bzw. indirekt berechnen?

Cashflow-Berechnung

Direkte Berechnung		Indirekte Berechnung	
Einnahmen	....	Gewinn	....
./. Ausgaben	=========	+ Abschreibungen	=========
= Cashflow	....	= Cashflow	....

e) Um wie viel Franken wächst der Kassabestand von Anfang 20_1 bis Ende 20_3?

f) Wie kann H. Haller das aus der Geschäftstätigkeit erarbeitete Geld am Ende des Jahres 20_3 verwenden?

Kasse 20_1		Kasse 20_2		Kasse 20_3	

25.23

Über die Fahrzeuge einer Transportunternehmung liegen folgende Informationen vor (Beträge in Fr. 1000.–):

Datum	Text	Beträge
01. 01.	Anschaffungswerte	700
	Kumulierte Abschreibungen	400
14. 01.	Barkauf eines neuen Fahrzeugs	150
18. 01.	Barverkauf eines gebrauchten Fahrzeugs:	
	▷ Anschaffungswert	70
	▷ Kumulierte Abschreibungen	60
	▷ Verkaufspreis	14
13. 02.	Beim Kauf eines neuen Fahrzeugs wird ein gebrauchtes an Zahlung gegeben:	
	▷ Gesamter Kaufpreis für das neue Fahrzeug (= zu verbuchender Rechnungsbetrag)	100
	▷ Barzahlung eines Teils der Rechnung durch den Käufer	90
	▷ Gutschrift für Übergabe des gebrauchten Fahrzeugs	10
	▷ Anschaffungswert des gebrauchten Fahrzeugs	80
	▷ Buchwert des gebrauchten Fahrzeugs	12
31. 12.	Abschreibung auf dem gesamten Anschaffungswert der Ende Jahr vorhandenen Fahrzeuge	20%

Nennen Sie die Buchungssätze, und führen Sie die Konten Fahrzeuge, Wertberichtigung Fahrzeuge sowie Abschreibungen Fahrzeuge.

25.24

Über den Kauf einer Verpackungsmaschine per 1. Januar 20_1 liegen folgende Informationen vor:

Bruttoverkaufspreis gemäss Katalog des Lieferanten	EUR 50 000.–
Rabatt-Gewährung auf dem Katalogpreis durch den Lieferanten (auf der Rechnung in Abzug gebracht)	20%
Transportkosten	CHF 2 000.–
Montagekosten	CHF 3 000.–
Umrechnungskurse	
▷ bei der Rechnungsstellung	CHF 1.60/EUR
▷ bei der Bankzahlung	CHF 1.50/EUR
Erwartete Nutzungsdauer	5 Jahre
Geschätzter Restwert am Ende der Nutzungsdauer	CHF 5 000.–
Abschreibung	linear, indirekt

a) Wie lauten die Buchungssätze beim Eingang und bei der Zahlung der Lieferantenrechnung?

b) Wie hoch ist der Anschaffungswert der Maschine?

c) Führen Sie für diese Verpackungsmaschine die Konten Maschine, Wertberichtigung Maschine und Abschreibungen im Jahr 20_2.

d) Am 3. Januar 20_4 wird die Maschine gegen Rechnung mit einer Zahlungsfrist von 60 Tagen nach Grossbritannien verkauft.

Verkaufspreis	GBP 20 000.–
Kurs bei Rechnungsstellung	CHF 2.10/GBP
Kurs bei Bankzahlung	CHF 2.00/GBP

Wie lauten die Buchungssätze?

 25.50

Die Bäckerei Schneider GmbH produziert Backwaren und Patisserie. Die Erzeugnisse werden teils in zwei eigenen Läden verkauft und teils an andere Geschäfte geliefert. Gegeben sind die Eröffnungsbilanz per 1. 1. 20_8 sowie die summarisch zusammengefassten Geschäftsfälle (siehe nächste Seite).

Führen Sie die Buchhaltung der Bäckerei Schneider GmbH mit **EasyAccounting.** Der Kontenplan ist bereits erfasst und das Geschäftsjahr 20_8 eröffnet.

Lösungshinweis: Die Buchhaltung einer GmbH ist grundsätzlich gleich wie diejenige einer Aktiengesellschaft, ausser dass anstelle des Aktienkapitals ein Stammkapital besteht.

Eröffnungsbilanz 1. 1. 20_8

Aktiven			Passiven		
Umlaufvermögen			**Fremdkapital**		
Kasse	5 300		Kreditoren	59 400	
Bank	30 900		Darlehen der Mühle AG	200 000	
Debitoren	65 800		Hypothek	360 000	619 400
Vorräte①	40 000	142 000			
Anlagevermögen			**Eigenkapital**		
Backofen	80 000		**Stammkapital**	200 000	
Betriebseinrichtung	117 000		Reserven	96 600	
Ladeneinrichtung	75 000		Gewinnvortrag②	33 000	329 600
Büroeinrichtung	8 000				
Fahrzeug	20 000				
Gebäude	507 000	807 000			
		949 000			949 000

① Das sind Rohmaterialvorräte wie Mehl, Salz, Hefe, Zucker, Schokolade oder Butter. Fertigprodukte wie Brote und Guezli sind keine vorrätig, da diese jeden Tag frisch hergestellt werden.

② Der Gewinn aus dem Jahr 20_7 von Fr. 32 000.– ist Ende 20_7 auf den Gewinnvortrag verbucht und noch nicht verteilt worden.

Geschäftsfälle 20_8

Nr.	Geschäftsfälle	Betrag
1	Barverkäufe in den eigenen Läden	805 000
2	Kreditverkäufe an andere Geschäfte	440 600
3	Bareinzahlungen auf das Bankkonto	806 000
4	Bankzahlungen von Kunden (andere Geschäfte)	430 500
5	Krediteinkauf und Verbrauch von Rohmaterial wie Mehl, Hefe, Salz, Zucker u.Ä. (als Materialaufwand verbuchen)	531 000
6	Bankzahlungen an Lieferanten	495 300
7	Bankzahlungen für Löhne und Sozialleistungen	419 000
8	An der Gesellschafterversammlung beschliessen die Gesellschafter Y. und M. Schneider folgende Verwendung des Gewinnes aus dem Jahre 20_7: ▷ Reservenzuweisung ▷ Dividendenzuweisung 10%	12 000 ?
9	Bankauszahlung der Nettodividende (65%)	?
10	Gutschrift der Verrechnungssteuer an die eidg. Steuerverwaltung (35%)	?
11	Bankzahlungen für Miete Ladenlokal	48 000
12	Banküberweisung der Verrechnungssteuer	?
13	Bankzahlungen für Energieverbrauch	33 600
14	Bankzahlungen für Unterhalt und Reparaturen	18 900
15	Bankzahlung für den Kauf einer Teigmaschine	66 000
16	Bankzahlung für Rückzahlung Hypothek	30 000
17	Bankzahlungen für Inserate und Prospektmaterial	23 800
18	Barkauf eines neuen PCs fürs Büro	3 500
19	Bankzahlungen für Zinsen auf dem Darlehen der Mühle AG	10 500
20	Bankzahlungen für Hypothekarzinsen	16 200
21	Bankzahlungen für diversen Aufwand	47 500
22	Das Anlagevermögen ist aufgrund des Anlagenspiegels (siehe nebenstehend) linear abzuschreiben	?
23	Übertrag des Gewinnes aus der Erfolgsrechnung 20_8 auf den Gewinnvortrag	?

Übersicht über das Anlagevermögen (Anlagenspiegel)

Anlage	Anschaffungs-wert	Nutzungs-dauer	Abschreibung für 20_8
Backofen	120 000.–	30 Jahre	
Betriebseinrichtung (Teigmaschine, Rundwirker, Teigteiler, Rührwerk, Siloanlage, Ausrollmaschine, Verpackungsmaschine, Gipfelimaschine, Kühlanlagen, Tische u. Ä.)	220 000.–	20 Jahre	
Ladeneinrichtung (Korpus, Kühlanlagen, Gestelle, Registrierkasse u. Ä.)	135 000.–	15 Jahre	
Büroeinrichtung (PC, Pult, Stühle, Regal u. Ä.)	15 000.–	5 Jahre	
Fahrzeug (Toyota-Bus)	25 000.–	10 Jahre	
Geschäftsliegenschaft	650 000.–	50 Jahre	

 25.51

 25.52 Unter diesen Nummern finden Sie auf der CD weitere Aufgaben zu den Abschreibungen, die sich mit MS-Excel lösen lassen.

26

Debitorenverluste, Delkredere

26.01

Die Kälin AG, Informatikberatungen, wurde neu gegründet. Der Verkehr mit den Debitoren während des Jahres ist summarisch dargestellt (alle Zahlen in Fr. 1000.–). Verbuchen Sie den Geschäftsverkehr für die 2 Jahre.

Vorgänge	Bilanz				Erfolgsrechnung	
1. Jahr	**Debitoren**		**Delkredere**		**Debitorenverluste**	
Bisheriger Geschäftsverkehr	910	600				
Debitor Carlen macht Konkurs. Der definitive Verlust beträgt 10.						
Bildung bzw. Erhöhung Delkredere Am Jahresende wird auf dem Debitorenbestand ein Delkredere von 5% gebildet.						
Salden						

Schlussbilanz			Erfolgsrechnung	
Debitoren _____				
./. Delkredere _____ _____				

Vorgänge	Bilanz				Erfolgsrechnung	
2. Jahr	**Debitoren**		**Delkredere**		**Debitorenverluste**	
Eröffnung						
Lieferungen an Kunden	600					
Zahlungen von Kunden		720				
Kundin Widmer macht Konkurs. Der definitive Verlust beträgt 20.						
Eine bereits abgeschriebene Foderung von 4 wird auf die Post überwiesen.						
Senkung Delkredere Die mutmasslichen Verluste auf dem Debitorenbestand betragen 5%.						
Salden						

Schlussbilanz			Erfolgsrechnung	
Debitoren _____				
./. Delkredere _____ _____				

26.02

Ergänzen Sie das folgende Journal mit Buchungssatz und Betrag:

Nr.	Geschäftsfall	Buchungssatz		Betrag
		Soll	Haben	
1	Warenverkauf auf Kredit für Fr. 20 000.–.			
2	Debitor Zingg, gegen welchen wir die Betreibung eingeleitet haben, zahlt die Forderung von Fr. 1500.– auf unser Bankkonto.			
3	Kundin Lehmann wird zum dritten Mal für die fällige Forderung von Fr. 2100.– gemahnt.			
4	Das Konkursverfahren gegen Debitor Kugler ist abgeschlossen. Von der ursprünglichen Forderung von Fr. 3500.– erhalten wir noch Fr. 500.– als Konkursdividende[1] auf die Post überwiesen. Die Restforderung ist abzuschreiben.			
5	Die Forderung gegenüber Kunde Schnyder wurde dieses Jahr bereits abgeschrieben. Jetzt überweist er unverhofft Fr. 1200.– auf unser Bankkonto.			
6	Kundin Lehmann hat nicht auf die Mahnung geantwortet (vgl. Nr. 3). Wir leiten die Betreibung gegen sie ein und leisten bar einen Kostenvorschuss von Fr. 70.–.[2]			
7	Auf verkauften Waren zahlen wir bar Transportkosten von Fr. 320.–. Es wurde Frankolieferung vereinbart.			
8	Debitoren überweisen auf unser Postkonto Fr. 41 350.–.			
9	Von einem Kunden nehmen wir einen PC mit Drucker im Wert von Fr. 6200.– an Zahlung.			
10	Kundin Lehmann (vgl. Nr. 6) begleicht ihre Schulden durch Postüberweisung: Forderungsbetrag Fr. 2100.– Kostenvorschuss Fr. 70.– Verzugszinsen Fr. 61.– Total Fr. 2231.– (Die Verzugszinsen wurden noch nicht verbucht.)			
11	Das Delkredere wird von Fr. 33 000.– auf Fr. 26 000.– herabgesetzt.			

[1] Die Konkursdividende ist der prozentuale Anteil der Forderung, der nach Abschluss des Konkursverfahrens noch ausbezahlt wird.

[2] Gemäss Schuldbetreibungs- und Konkursgesetz (SchKG) Art. 68 dürfen die Betreibungskosten dem säumigen Schuldner belastet werden.

26.03

Vervollständigen Sie die Tabelle. Die einzelnen Jahre bauen aufeinander auf.

Jahr	Debitoren-bestand Ende Jahr	Delkredere in % des Debitoren-bestandes	Del-kredere in Fr.	Buchungssatz		Betrag
				Soll	Haben	
1	100 000.–	3%				
2	80 000.–	4%				
3		7%	4 900.–			
4		6%		Delkredere	Debitorenverluste	1 300.–
5	65 000.–	5%				
6		6%	4 500.–			

26.04

Welche Geschäftsfälle haben die folgenden Buchungssätze bewirkt?

Nr.	Buchungssatz		Geschäftsfall
	Soll	Haben	
1	Debitoren	Warenertrag	
2	Debitoren	Zinsertrag	
3	Erfolgsrechnung	Debitorenverluste	
4	Debitoren	Post	
5	Warenertrag	Debitoren	
6	Bank	Debitoren	
	Debitorenverluste	Debitoren	
7	Post	Debitorenverluste	
8	Delkredere	Bilanz	
9	Debitorenverluste	Delkredere	

26.05

Führen Sie das Journal zu folgenden Tatbeständen:

Datum	Geschäftsfall	Betrag
1. 6.	Zahlung eines Kreditors über die Post.	Fr. 3 100.–
3. 6.	Kauf einer Maschine auf Kredit für USD 2 500.–, Kurs 1.70.	Fr. ?
4. 6.	Der Konkurs von K. Hug ist abgeschlossen. 30% unserer Forderung von 12 000.– werden auf die Post überwiesen. Der Rest ist verloren.	?
12. 6.	Unsere Forderung an Kunde Götz, die wir bereits abgeschrieben haben, wird unverhofft auf unser Bankkonto überwiesen.	Fr. 1 200.–
15. 6.	Die Rechnung vom 3. 6. wird durch die Bank bezahlt. Kurs 1.66. Die Kursdifferenz ist auch zu buchen.	?
20. 6.	Betreibung von Kunde R. Bader. Barzahlung für Kostenvorschuss.	Fr. 75.–
22. 6.	Der Geschäftsinhaber vermindert seine Kapitaleinlage durch Bankauszahlung.	Fr. 10 000.–
30. 6.	Das Delkredere wird herabgesetzt.	Fr. 3 000.–
30. 6.	Die Fahrzeuge werden indirekt abgeschrieben.	Fr. 8 000.–

Journal

Datum	Text	Buchung		Betrag
		Soll	Haben	

26.06

Die Oldtimer-Garage AG restauriert alte klassische Fahrzeuge aufwändig und original-getreu für Kunden auf der ganzen Welt (alle Zahlen in Fr. 1000.–).

a) Verbuchen Sie die Geschäftsfälle 1 bis 9 in den entsprechenden Konten. Betrifft ein Geschäftsfall nur eines der vorgegebenen Konten, ist das Gegenkonto in der dafür vorgesehenen Kolonne aufzuführen.

b) Am Jahresende soll das Delkredere auf den inländischen Guthaben 5% und auf den ausländischen Forderungen 10% betragen.

c) Die Konten sind abzuschliessen.

Aufgabe	Geschäftsfall	Gegenkonto
a)	Übertrag	–
1	Rechnung an einen Kunden in Bern für die Totalrestauration eines Jaguars Mk II für 48	Restaurationsertrag
2	Rechnungsversand für die Ablieferung eines neu aufgebauten Mercedes 190 Cabriolets nach Österreich für 38	
3	Rechnung im Betrag von 12 an einen Kunden in Chur für die Restauration eines Fiat Doppolinos	
4	Postzahlungen von inländischen Kunden für 170	
5	Ein Kunde aus Zürich zahlt unsere Rechnung von 50 unter Abzug von 2% Skonto auf die Bank.	
6	An einen Kunden in Saudiarabien wird ein Rabatt von 20 gewährt.	
7	Konkurs eines Kunden in Thun. Die Forderung von 35 ist abzuschreiben.	
8	Bankgutschrift für Zahlungen von ausländischen Kunden für 149	
9	Einleitung der Betreibung gegen Debitor Koller in Basel. Der Kostenvorschuss von 1 erfolgt durch Postüberweisung.	
b)	Anpassung des Delkrederes	
c)	Übertrag der Saldi auf die Abschlussrechnungen	

Debitoren Inland		Debitoren Ausland		Delkredere		Debitorenverluste	
650	376	790	519		20	7	

26.07

Führen Sie die Konten Debitoren, Delkredere und Debitorenverluste, und verbuchen Sie folgende Geschäftsfälle (Buchungssätze verlangt):

1. Wir verkaufen Ware auf Kredit für Fr. 70 000.–.

2. Debitor K. Schnyder wird für Fr. 4 000.– betrieben. Wir leisten einen Kostenvorschuss von Fr. 75.– in bar.

3. Das Konkursverfahren gegen die Textil-AG ist abgeschlossen. 20% unserer Forderung, d. h. Fr. 600.–, werden auf die Bank überwiesen, der Rest ist abzuschreiben.

4. Die Debitoren haben Fr. 62 000.– auf unser Bankkonto überwiesen.

5. Für Versandfrachten zulasten unserer Kunden zahlen wir bar Fr. 340.–.

6. Die Betreibung gegen Debitor K. Schnyder war wirksam; wir erhalten folgende Postüberweisung:

   ▷ Forderungsbetrag   Fr. 4 000.–
   ▷ Betreibungskosten   Fr.   75.–
   ▷ Verzugszinsen
     (noch nicht verbucht)   Fr.   80.–

7. Eine Forderung von Fr. 3 000.– gegen Debitor Katz, die wir dieses Jahr bereits abgeschrieben haben, wird unverhofft auf unser Bankkonto überwiesen.

8. Das Delkredere soll Ende Jahr 4% des Debitorenbestandes betragen.

Die Konten sind abzuschliessen und wieder zu eröffnen (Abschluss- und Eröffnungsbuchungen sind aufzuführen).

Buchungen

Übertrag

Debitoren		Delkredere		Debitorenverluste	
180 000	141 340		2 000	4 200	

26.08

Kreuzen Sie eine Aussage als richtig an, oder begründen Sie, warum diese falsch ist.

Nr.	Aussage	Richtig	Begründung bei falscher Aussage
1	Das Delkredere ist ein ruhendes Konto, da es nur am Ende einer Periode angepasst wird.		
2	Wird ein Debitor direkt abgeschrieben, lautet die Buchung *Debitorenverluste/Delkredere*.		
3	Das Delkredere ist ein Minus-Passivkonto und hat dieselben Buchungsregeln wie ein Passivkonto.		
4	Eine Habenbuchung im Debitorenverlustkonto ergibt sich, wenn ein bereits abgeschriebener Debitor unverhofft zahlt.		
5	Die Erhöhung des Delkrederes hat immer eine Verminderung des Gewinnes zur Folge.		
6	Falls ein dieses Jahr abgeschriebener Debitor seine Schulden noch per Post begleicht, lautet die Buchung *Post/Debitorenverluste*.		
7	Der Saldo des Debitorenverlustkontos wird am Periodenende mit der Buchung *Bilanz/Debitorenverluste* übertragen.		
8	Die Buchung *Debitoren/Post* steht für die Postüberweisung eines Debitors.		
9	Das Delkrederekonto wird wie das Debitorenverlustkonto nicht wiedereröffnet.		
10	Falls auf den fälligen Forderungen Verzugszinsen verrechnet werden, lautet die Buchung *Debitoren/Zinsertrag*.		
11	Der Buchwert der Debitoren ergibt sich aus Debitoren-Bestand minus Delkredere-Bestand.		
12	Die Buchung *Delkredere/Bilanz* steht für die Eröffnung des Delkrederebestandes.		
13	Debitorenverluste ist ein Minus-Ertragskonto mit denselben Buchungsregeln wie ein Aufwandskonto.		

26.09

a) Beantworten Sie die Fragen zu den Debitorenverlusten.

Nr.	Frage	Endgültige Debitorenverluste	Mutmassliche Debitorenverluste
1	Bei welchen Verlusten ▷ ist der Kunde immer bekannt? ▷ handelt es sich um ein allgemeines Risiko auf dem Debitorenbestand? Zutreffendes ankreuzen.	☐ ☐	☐ ☐
2	In welchem Zeitpunkt werden die Debitorenverluste verbucht?		
3	Bei welchen Verlusten ▷ ist der Betrag meistens genau bekannt? ▷ muss der Betrag geschätzt werden? Zutreffendes ankreuzen.	☐ ☐	☐ ☐
4	Welche Abschreibungs-methode ist anzuwenden (direkt oder indirekt)?		
5	Wie wird die Zunahme der geschätzten Debitorenverluste von 80 Ende Jahr verbucht?		
6	Wie lautet der Buchungssatz für einen Debitorenverlust von 240 infolge Konkurses eines Kunden am 13. August?		

b) Welche Gemeinsamkeit und welcher Unterschied bestehen zwischen den Buchungen von Fragen 5 und 6 (abgesehen vom Betrag)?

c) Was für ein Konto ist das Konto Debitorenverlust? Zu welcher Kontenklasse im KMU-Kontenrahmen gehört es?

d) Der Eröffnungsbestand des Delkrederes beträgt 40, der Schlussbestand soll 30 betragen. Wie lautet die Buchung am Jahresende?

e) Welches könnten die Gründe für die Verminderung des Delkrederes in Frage d) sein?

26.10

Vom Treuhandbüro J. Müller sind die Eröffnungsbilanz sowie der summarisch zusammengefasste Geschäftsverkehr bekannt.

Zu führen sind das Journal sowie das Hauptbuch. Ende Jahr sind die Erfolgsrechnung sowie die Schlussbilanz aufzustellen.

Eröffnungsbilanz per 1. 1. 20_2

Aktiven		Passiven	
Post	6 300	Kreditoren	4 000
Debitoren	14 000	Eigenkapital	30 000
./. Delkredere	– 700		
Einrichtungen	24 000		
./. WB Einrichtungen	– 9 600		
	34 000		34 000

Journal 20_2

Nr.	Geschäftsfall	Buchungssatz		Betrag
		Soll	Haben	
1	Fakturierter Honorarumsatz			120 000
2	Postzahlungen von Kunden			118 000
3	Abschreibung der Forderung gegenüber Faber AG infolge Konkurseröffnung			2 000
4	Privatbezüge mit der Postcard des Geschäfts			20 000
5	Postzahlungen für Mietaufwand			24 000
6	Postüberweisung des Kostenvorschusses für die Betreibung von Kunde Vestido GmbH			70
7	Rechnungen für übrigen Aufwand			15 000
8	Postüberweisungen auf das private Bankkonto der Geschäftsinhaberin			50 000
9	Im Betreibungsfall gegenüber dem Kunden Creativ GmbH wird Fr. 670.– auf das Postkonto überwiesen; der Rest ist abzuschreiben.			670 / 1 400
10	Postzahlungen von erhaltenen Rechnungen			16 000
11	Abschreibung der Einrichtungen: 20% des Anschaffungswerts			
12	Das Delkredere soll gleich viele Prozente betragen wie im Vorjahr.			
13	Gutschrift Eigenlohn			72 000
14	Gutschrift Eigenzins (3,5% auf Anfangskapital)			
15	Saldierung des Privatkontos			
16	Übertrag des Jahresverlusts			

Hauptbuch 20_2

Post

Kreditoren

Personalaufwand

Honorarertrag

Mietaufwand

Debitorenverluste

Eigenkapital

Zinsaufwand

Debitoren

Abschreibungen

Privat

Übriger Aufwand

Delkredere

Erfolgsrechnung 20_7

Einrichtungen

WB Einrichtungen

Schlussbilanz 31. 12. 20_7

27

Transitorische Konten und Rückstellungen

27.01

N. Widmer gründete Anfang 20_1 eine Autofahrschule. Am Ende des ersten Geschäftsjahres sind folgende provisorische Abschlussrechnungen bekannt:

Provisorische Schlussbilanz vor Gewinnverbuchung per 31. 12. 20_1

Aktiven			Passiven		
Umlaufvermögen			**Fremdkapital**		
Kasse	2 000		Kreditoren		1 000
Bank	23 000	25 000			
Anlagevermögen			**Eigenkapital**		
Einrichtung Büro und Theorielokal	7 000		Eigenkapital	45 000	
Fahrzeug	28 000	35 000	Gewinn	14 000	59 000
		60 000			60 000

Provisorische Erfolgsrechnung 20_1

Aufwand		Ertrag	
Benzinverbrauch	9 000	Verkaufsertrag Einzelstunden (bar)	10 000
Personalaufwand	36 000	Verkaufsertrag Abonnemente (bar)	80 000
Mietaufwand	7 000		
Fahrzeugsteuern und Versicherungen	4 000		
Abschreibungen	11 000		
Übriger Aufwand	9 000		
Gewinn	**14 000**		
	90 000		90 000

Die Fahrlehrerin schätzt Ende Jahr, dass 10% der mittels Abonnemente verkauften Fahrstunden noch nicht eingelöst worden sind.

a) Wie lauten die zeitlich abgegrenzten Abschlussrechnungen?

Schlussbilanz vor Gewinnverbuchung per 31. 12. 20_1

Aktiven		Passiven	
Umlaufvermögen		**Fremdkapital**	
Kasse		Kreditoren	
Bank			
Anlagevermögen		**Eigenkapital**	
Einrichtung Büro und Theorielokal		Eigenkapital	
Fahrzeug		Gewinn	

Erfolgsrechnung 20_1

Aufwand		Ertrag
Benzinverbrauch		Verkaufsertrag Einzelstunden (bar)
Personalaufwand		Verkaufsertrag Abonnemente (bar)
Mietaufwand		
Fahrzeugsteuern + Versicherungen		
Abschreibungen		
Übriger Aufwand		
Gewinn		

b) Führen Sie die zeitliche Abgrenzung kontenmässig durch (Geschäftsverkehr und Abschluss 20_1, Wiedereröffnung 20_2).

Geschäftsjahr 20_1

Datum	Text	Buchungssatz	Transitorische Passiven		Verkaufsertrag Abonnemente	
Diverse	Verkauf Abonnemente					
31. 12. 20_1	Zeitliche Abgrenzung					
31. 12. 20_1	Abschluss					

Geschäftsjahr 20_2

Datum	Text	Buchungssatz	Transitorische Passiven		Verkaufsertrag Abonnemente	
01. 01. 20_2	Eröffnung					
01. 01. 20_2	Rückbuchung zeitliche Abgrenzung					

27.02

H. Goldmann konnte am 1. September 20_1 im Stadtzentrum an guter Passantenlage ein Lokal mieten und einen Kiosk einrichten. Die Jahresmiete von Fr. 18000.– musste für ein Jahr zum Voraus durch die Bank überwiesen werden. Die provisorischen Abschlusszahlen vor zeitlicher Abgrenzung der Mietzinse lauten:

Schlussbilanz vor Gewinnverbuchung per 31. 12. 20_1

Aktiven			Passiven		
Umlaufvermögen			**Fremdkapital**		
Kasse	2 000		Kreditoren		14 000
Bank	5 000				
Vorräte	13 000		**Eigenkapital**		
Anlagevermögen			Eigenkapital	50 000	
Kioskeinrichtung		40 000			

Erfolgsrechnung 20_1

Aufwand		Ertrag	
Warenaufwand	110 000	Warenertrag	161 000
Personalaufwand	20 000		
Mietaufwand	18 000		
Abschreibungen	4 000		
Übriger Aufwand	13 000		

a) Bereinigen Sie Bilanz und Erfolgsrechnung um die zeitliche Abgrenzung. (Lösung in die Abschlussrechnungen hineinschreiben; allenfalls Zahlen streichen und danebenschreiben.)

b) Wie hoch wäre der Erfolg gemäss provisorischem Abschluss gewesen?

c) Führen Sie die zeitliche Abgrenzung kontenmässig durch.

Geschäftsjahr 20_1

Datum	Text	Buchungssatz			Mietaufwand	
01. 09. 20_1						
31. 12. 20_1	Zeitliche Abgrenzung					
31. 12. 20_1	Abschluss					

Geschäftsjahr 20_2

Datum	Text	Buchungssatz			Mietaufwand	
01. 01. 20_2	Eröffnung					
01. 01. 20_2						

27.03

Die Holding AG wurde am 1. April 20_1 gegründet. Der Geschäftszweck besteht haupt-sächlich im Halten von Beteiligungen an anderen Unternehmungen. Zur Finanzierung wurde am 31. Mai 20_1 eine Obligationenanleihe mit einem Zinsfuss von 6% und einer Laufzeit von 10 Jahren ausgegeben.

Die provisorischen Abschlussrechnungen vor zeitlicher Abgrenzung zeigen folgendes Bild (alles Kurzzahlen):

Schlussbilanz vor Gewinnverbuchung per 31. 12. 20_1

Aktiven / Passiven

Umlaufvermögen			Fremdkapital	
Flüssige Mittel	140		Kreditoren	30
Debitoren	20	160		
			Obligationenanleihe	600
Anlagevermögen			**Eigenkapital**	
Sachanlagen	80		Aktienkapital	700
Beteiligungen	1 100	1 180		
		1 340		1 340

Erfolgsrechnung 20_1

Aufwand / Ertrag

Personalaufwand	70	Beteiligungsertrag	220
Übriger Aufwand	140		

a) Woraus könnte sich der Beteiligungsertrag zusammensetzen?

b) Wie hoch ist der Erfolg vor der zeitlichen Abgrenzung?

c) Wie lautet der Buchungssatz für die zeitliche Abgrenzung am Jahresende?

d) Vervollständigen Sie Bilanz und Erfolgsrechnung unter Berücksichtigung der zeitlichen Abgrenzung.

e) Wie lautet der Buchungssatz für die Verbuchung des Erfolgs?

f) Wie lautet die Rückbuchung der transitorischen Abgrenzung nach der Wiedereröffnung im neuen Jahr?

27.04

B. Feldmann gründet Ende Oktober 20_1 eine kleine Drogerie. Zur Finanzierung seiner Unternehmung leistet er eine Eigenkapitaleinlage von Fr. 70000.– und nimmt ein Darlehen auf, das jährlich am 31. Oktober zu 6% zu verzinsen ist. Die Geschäftsmiete muss er Anfang November für ein halbes Jahr zum Voraus per Bank zahlen.

Ende 20_1 ergeben sich folgende provisorischen Abschlussrechnungen:

Provisorische Schlussbilanz vor Gewinnverbuchung per 31. 12. 20_1

Aktiven					Passiven
Umlaufvermögen			**Fremdkapital**		
Kasse	3 000		Kreditoren	20 000	
Bank	15 000		Darlehen	60 000	80 000
Warenvorrat	42 000	60 000			
			Eigenkapital		
Anlagevermögen			Eigenkapital	70 000	
Einrichtung		87 000	Verlust	– 3 000	67 000
		147 000			147 000

Provisorische Erfolgsrechnung 20_1

Aufwand		Ertrag	
Warenaufwand	80 000	Warenertrag	120 000
Personalaufwand	15 000	Zinsertrag	100
Mietaufwand	18 000	**Verlust**	**3 000**
Abschreibungen	4 000		
Übriger Aufwand	6 100		
	123 100		123 100

a) Wie lauten die zeitlich abgegrenzten Abschlussrechnungen per Ende 20_1?

Schlussbilanz vor Gewinnverbuchung per 31. 12. 20_1

Aktiven   Passiven

Umlaufvermögen		**Fremdkapital**	
Kasse		Kreditoren	
Bank			
		Darlehen	
Warenvorrat		**Eigenkapital**	
Anlagevermögen		Eigenkapital	
Einrichtung			

Erfolgsrechnung 20_1

Aktiven   Passiven

Warenaufwand		Warenertrag	
Personalaufwand		Zinsertrag	
Mietaufwand			
Abschreibungen			
Übriger Aufwand			

Geschäftsjahr 20_1

Datum	Geschäftsfall
01. 11.	Zahlung Miete
31. 12.	Zeitliche Abgrenzung Miete
31. 12.	Zeitliche Abgrenzung Zins
31. 12.	Abschluss (Salden)

Geschäftsjahr 20_2

Datum	Geschäftsfall
01. 01.	Eröffnung
01. 01.	
01. 01.	
01. 05.	
31. 10.	
01. 11.	
31. 12.	
31. 12.	
31. 12.	Abschluss (Salden)

b) Warum war im provisorischen Abschluss bereits ein Mietaufwand verbucht, aber noch kein Zinsaufwand?

c) Führen Sie die folgenden vier Konten für die Geschäftsjahre 20_1 und 20_2:

hungssatz	Transitorische Aktiven (TA)		Transitorische Passiven (TP)		Mietaufwand		Zinsaufwand	
rse Buchungen								

hungssatz	Transitorische Aktiven (TA)		Transitorische Passiven (TP)		Mietaufwand		Zinsaufwand	
rse Buchungen								
rse Buchungen								

d) Überlegen Sie, ob die Salden der Konten Mietaufwand und Zinsaufwand Ende 20_2 korrekt sind, und begründen Sie Ihre Antwort.

27.05

Führen Sie für folgende Geschäftsfälle die transitorischen Konten sowie die dazu passenden Erfolgskonten. Das Geschäftsjahr 20_1 ist vollständig zu erfassen; für das Jahr 20_2 sind nur Eröffnung und Rückbuchung verlangt.

a) Eine Apotheke nimmt für die Finanzierung eines Umbaus am 31. Oktober 20_1 eine halbjährlich nachschüssig zu verzinsende Hypothek von Fr. 120000.– mit einem Zinsfuss von 5% p. a. auf.

Datum	Text	Buchungssatz	Transitorische			
31. 12. 20_1	Zeitliche Abgrenzung					
31. 12. 20_1	Abschluss					

Datum	Text	Buchungssatz				
01. 01. 20_2	Eröffnung					
01. 01. 20_2						

b) Ein Fabrikationsbetrieb gewährt am 30. September 20_1 ein halbjährlich nachschüssig zu verzinsendes Darlehen von Fr. 50000.– mit einem Zinsfuss von 6% p. a.

Datum	Text	Buchungssatz				
	Abschluss					

Datum	Text	Buchungssatz				

c) Die neu gegründete Boutique GmbH zahlt den Jahresmietzins von Fr. 24 000.– am 31. August 20_1 zum Voraus per Bank.

Datum	Text	Buchungssatz			
	Abschluss				

Datum	Text	Buchungssatz			

d) Die Immobilien AG erhält den Jahresmietzins von der Boutique GmbH (siehe Teilaufgabe c) am 31. August 20_1 zum Voraus per Bank.

Datum	Text	Buchungssatz			
	Abschluss				

Datum	Text	Buchungssatz			

27.06

Vervollständigen Sie die Tabelle mit Überlegungen zur Rechnungsabgrenzung per Ende 20_1. Die Geschäftsfälle stammen aus verschiedenen Unternehmungen, die alle im Jahr 20_1 gegründet wurden. Die Beträge sind Kurzzahlen.

Aufgabe	Geschäftsfall	Bereits ver-bucht[1]	Anteil 20_1[2]	Anteil 20_2[3]	LG/LS/ GG/GS[4]	Buchungssatz mit Betrag für die transitorische Abgrenzung Ende 20_1
a)	Eine Informatikschule hat Kursgelder von 80 verein-nahmt. Kurse im Umfang von 10 wurden noch nicht erteilt. (Sicht der Schule)					
b)	Aufgelaufener Zins auf einem Passivdarlehen von 200. Zinsfuss 6%. Zinstermin 31. Oktober. (Sicht des Darlehensnehmers)					
c)	Aufgelaufener Zins auf einem Aktivdarlehen von 120. Zinsfuss 5%. Zinstermin 30. April. (Sicht des Darlehensgebers)					
d)	Am 30. November 20_1 für 3 Monate vorausbezahlter Mietzins von 15. (Sicht des Mieters)					
e)	Am 31. August 20_1 im Voraus erhaltener Mietzins von 18 für 6 Monate. (Sicht des Vermieters)					
f)	Am 31. Juli 20_1 für ein Jahr vorausbezahlte Sachversiche-rungsprämien von 12. (Sicht des Versicherten)					
g)	Eine Fahrlehrerin verkaufte Fahrschulabonnemente von 50 gegen bar. Etwa 20% die-ser Fahrstunden sind bis Ende Jahr noch nicht erteilt worden. (Sicht der Fahrlehrerin)					
h)	Am 31. Oktober 20_1 erhaltene und einen Monat später bezahlte Rechnung von 12 für die Reparatur an einer Maschine. (Sicht des Maschinenbesitzers)					

[1] In dieser Spalte ist der im Jahr 20_1 bereits verbuchte Betrag anzugeben. Beachten Sie, dass **unter dem Jahr fast alle Buchungen entweder auf Zahlungsvorgänge oder eingehende bzw. ausgehende Rechnungen zurückzuführen sind.**

[2] In dieser Spalte ist anzugeben, wie gross der Aufwands- bzw. der Ertragsanteil für das Geschäftsjahr 20_1 ist.

[3] In dieser Spalte ist anzugeben, wie gross der Aufwands- bzw. der Ertragsanteil für das Geschäftsjahr 20_2 ist.

[4] Geben Sie in dieser Spalte an, ob für die betreffende Unternehmung Ende 20_1 ein Leistungsguthaben (LG), eine Leistungsschuld (LS), ein Geldguthaben (GG) oder eine Geldschuld (GS) besteht.

27.07

Im Kontenrahmen KMU gibt es vier transitorische Konten für die zeitliche Rechnungs-abgrenzung:

Konto-Nr.	Name des Kontos	Erläuterung
1300	Vorausbezahlter Aufwand	Dieser Aufwand wurde zwar im alten Jahr bezahlt, aber er betrifft erst das nächste Jahr (so genannter Aufwandsvortrag).
1301	Noch nicht erhaltener Ertrag	Dieser Ertrag gehört noch ins alte Jahr, obwohl die Zahlung erst im nächsten Jahr erfolgen wird (Ertragsnachtrag).
2300	Noch nicht bezahlter Aufwand	Dieser Aufwand gehört noch ins alte Jahr, obwohl die Zahlung erst im nächsten Jahr erfolgen wird (Aufwandsnachtrag).
2301	Im Voraus erhaltener Ertrag	Die Zahlung ist bereits eingegangen, aber der Ertrag gehört ins nächste Jahr (Ertragsvortrag).

Wie lauten die transitorischen Buchungen in den vier Beispielen aus unterschiedlichen Unternehmungen? (In Beispiel 1 ist der Pfeil als Musterlösung bereits eingetragen, es fehlt aber noch die passende Kontenbezeichnung.)

Beispiel 1

Anfang November wurde der Mietzins für ein halbes Jahr zum Voraus bezahlt. Wie bucht der Mieter am Jahresende?

6000 Mietaufwand

Beispiel 2

Kunden eines Reisebüros haben die Reisen im alten Jahr zum Voraus bezahlt und werden die Leistungen erst im neuen Jahr beziehen. Wie bucht das Reisebüro am Jahresende?

3000 Verkauf von Reisen

Beispiel 3

Für ein Darlehen wird der Jahreszins jeweils Anfang Oktober nachschüssig bezahlt. Wie bucht der Darleiher am Jahresende?

7400 Zinsertrag

Beispiel 4

Für ein Darlehen wird der Jahreszins jeweils Anfang Oktober nachschüssig bezahlt (gleiches Beispiel wie oben). Wie bucht der Borger am Jahresende?

6800 Zinsaufwand

27.08

Lösen Sie folgende Aufgaben im Zusammenhang mit der Rechnungsabgrenzung aus verschiedenen Unternehmungen:

▷ Handelt es sich bei den genannten Buchungen jeweils um eine Bildung oder um eine Rückbuchung von transitorischen Posten (ankreuzen)?

▷ Beschreiben Sie die zu den Buchungssätzen gehörenden Geschäftsfälle in Stichworten.

Nr.	Buchungssatz	Bildung	Rück-buchung	Geschäftsfall
1	Transitorische Aktiven/ Mietaufwand			
2	Transitorische Aktiven/ Zinsertrag			
3	Transitorische Passiven/ Zinsaufwand			
4	Reiseertrag/ Transitorische Passiven			
5	Transitorische Aktiven/ Personalaufwand			
6	Mietertrag (oder Liegenschaftsertrag)/ Transitorische Passiven			
7	Versicherungsaufwand/ Transitorische Aktiven			
8	Prämienertrag/ Transitorische Passiven			

27.09

Gegeben ist diese unvollständige Bilanz eines Handelsbetriebs in Kurzzahlen:

Schlussbilanz vor Gewinnverbuchung per 31. 12. 20_5

Aktiven				Passiven
Umlaufvermögen			**Fremdkapital**		
Liquide Mittel	50		Kreditoren	700	
Debitoren	800			20	
	15			35	
	25			45	
Warenvorrat	590	1 480	Passivdarlehen	550	1 350
Anlagevermögen			**Eigenkapital**		
Sachanlagen	420		Aktienkapital	400	
Aktivdarlehen	100	520	Reserven und Gewinnvortrag	250	650
		2 000			2 000

a) Vervollständigen Sie die Bilanz durch folgende fünf Kontengruppen (die Beträge haben in dieser Aufgabenstellung keine Bedeutung, weshalb die Reihenfolge der Konten innerhalb der Forderungen bzw. der Schulden für die Lösung der Aufgabe keine Rolle spielt):

▷ Vorausbezahlter Aufwand

▷ Im Voraus erhaltener Ertrag

▷ Noch nicht bezahlter Aufwand

▷ Noch nicht erhaltener Ertrag

▷ Rückstellungen

b) Welche Geschäftsfälle gehören zu welcher Kontengruppe (ankreuzen)?

Nr.	Geschäftsfall	Vorausbezahlter Aufwand	Noch nicht erhaltener Ertrag	Im Voraus erhaltener Ertrag	Noch nicht bezahlter Aufwand	Rückstellungen
1	Aufgelaufener Zins auf Passivdarlehen					
2	(Von uns) im Voraus bezahlte Sachversicherungsprämien					
3	Ein Kunde macht auf gerichtlichem Weg einen Schaden geltend, der durch eine unserer Lieferungen entstanden ist. Unser Risiko ist in der Bilanz zu berücksichtigen.					
4	Aufgelaufener Zins auf Aktivdarlehen					
5	(Von uns) im Voraus bezahlte Mietzinse					

27.10

Lösen Sie zu den Rückstellungen diese Aufgaben:

a) Wie verbucht ein Zigarettenproduzent die folgenden Geschäftsfälle? (Die Zahlen sind in der unten stehenden Lösungshilfe in Millionen Franken einzusetzen.)

15. 11. 20_1	Krebskranke Raucher haben den Zigarettenproduzenten auf Schadenersatz eingeklagt. Es ist damit zu rechnen, dass im nächsten Jahr aufgrund des Gerichtsurteils Schadenersatzansprüche von Fr. 20 000 000.– zur Zahlung fällig werden könnten.
31. 12. 20_1	Jahresabschluss
01. 01. 20_2	Eröffnung
28. 08. 20_2	Aufgrund des Gerichtsurteils werden Schadenersatzzahlungen von Fr. 12 000 000.– geleistet (Bankzahlungen).
28. 08. 20_2	Eine Neubeurteilung des Risikos erlaubt die Reduktion der gebildeten Rückstellung auf Fr. 5 000 000.–.
31. 12. 20_2	Jahresabschluss

Geschäftsjahr 20_1

Datum	Text	Buchungssatz	Rückstellungen		Aufwand für Schadenersatz	
15. 11. 20_1						
31. 12. 20_1	Abschluss					

Geschäftsjahr 20_2

Datum	Text	Buchungssatz	Rückstellungen		Aufwand für Schadenersatz	
01. 01. 20_2	Eröffnung					
28. 08. 20_2						
31. 12. 20_2	Abschluss					

b) Welche Aussagen zu den Rückstellungen sind richtig bzw. falsch (ankreuzen)?

Nr.	Aussage	Richtig	Falsch
1	Rückstellungen sind Fremdkapital.		
2	Rückstellungen sind immer kurzfristig.		
3	Typisch für Rückstellungen ist die ungewisse Höhe.		
4	Rückstellungen müssen gebildet werden zum Beispiel für Prozessrisiken bei hängigen Gerichtsverfahren oder für versprochene Garantieleistungen.		
5	Bei der Bildung von Rückstellungen erfolgt die Sollbuchung über ein Aufwands- oder Ertragskonto.		
6	Die Bildung von Rückstellungen führt zu einer Erhöhung der Schulden.		
7	Durch die Bildung von Rückstellungen wird der ausgewiesene Erfolg des Geschäftsjahres verbessert.		
8	Eine Auflösung von Rückstellungen ist immer erfolgsunwirksam.		
9	Rückstellungen werden zum Beispiel aufgelöst, wenn das Risiko nicht mehr besteht.		

c) Wie werden die folgenden Geschäftsfälle verbucht?

Datum	Geschäftsfall	Buchung Soll	Haben	Betrag
10. 05.	Die vor drei Jahren für einen Prozess gebildete Rückstellung wird aufgelöst, da das Gerichtsurteil zu unseren Gunsten lautet.			80 000
13. 08.	Bankzahlung eines Schadenfalls zulasten der Rückstellungen			15 000
31. 12.	Bildung von Rückstellungen für unterlassene Instandstellungsarbeiten an der eigenen Liegenschaft			50 000
31. 12.	Bildung einer Rückstellung für gewährte Garantien			70 000
31. 12.	Aufgelaufene Schuldzinsen			6 000
31. 12.	Verminderung des Delkrederes			8 000

27.11

Vom Architekturbüro W. Müller sind die Eröffnungsbilanz sowie der summarisch zusammengefasste Geschäftsverkehr bekannt. Alle Zahlen sind in Fr. 1000.–.

Zu führen sind das Journal sowie das Hauptbuch. Ende Jahr sind die Schlussbilanz sowie die Erfolgsrechnung aufzustellen.

Eröffnungsbilanz per 1. 1. 20_7

Aktiven		Passiven	
Bank	17	Kreditoren	7
Debitoren	200	Transitorische Passiven	2
./. Delkredere	– 10	Bankdarlehen	50
Einrichtungen	100	Rückstellungen	8
./. WB Einrichtungen	– 40	Eigenkapital	200
	267		267

Journal 20_7

Nr.	Geschäftsfall	Buchungssatz		Betrag
		Soll	Haben	
1	Rückbuchung des Ende 20_6 transitorisch abgegrenzten Zinsaufwands			2
2	An Kunden versandte Rechnungen für erbrachte Architekturleistungen			600
3	Bankzahlungen von Kunden			575
4	Bankzahlungen für Personalaufwand (inkl. Eigenlohn für den Geschäftsinhaber)			400
5	Bankbelastung für den Darlehenszins (Zinstermin 30.04., Zinsfuss 6%)			
6	Eine Forderung ist infolge Konkurses eines Kunden abzuschreiben.			5
7	Rechnungen für übrigen Aufwand			130
8	Bankzahlungen von Rechnungen für übrigen Aufwand			128
9	Privatbezüge mit der Bancomatkarte zulasten des Bankkontos des Geschäfts			35
10	Abschreibung der Einrichtungen: 20% des Anschaffungswerts			
11	Das Delkredere soll gleich viele Prozente betragen wie im Vorjahr.			
12	Zeitliche Abgrenzung des Zinses auf dem Bankdarlehen			
13	Die Rückstellungen sind zulasten des Honorarertrags auf 12 zu erhöhen.			
14	Gutschrift Eigenzins: 3,5% auf Anfangskapital			
15	Saldierung des Privatkontos			
16	Übertrag des Jahresgewinns			

Hauptbuch 20_7

Bank

Kreditoren

Personalaufwand

Honorarertrag

Zinsaufwand

Transitorische Passiven

Debitoren

Debitorenverluste

Bankdarlehen

Abschreibungen

Übriger Aufwand

Delkredere

Rückstellungen

Einrichtungen

Eigenkapital

Erfolgsrechnung 20_7

WB Einrichtungen

Privat

Schlussbilanz 31. 12. 20_7

27.12

Von der Aushub- und Abbruch AG liegt eine provisorische Saldobilanz[1] in Kurzzahlen vor.

Saldobilanzen per 31. 12. 20_4

Konten	Provisorische Saldobilanz		Nachträge		Definitive Saldobilanz	
Bank	36					
Debitoren	240					
Delkredere		15				
Transitorische Aktiven						
Vorräte	20					
Büroeinrichtung	30					
Maschinen/Fahrzeuge	600					
WB Maschinen/Fahrzeuge		130				
Kreditoren		50				
Transitorische Passiven						
Bankdarlehen		200				
Rückstellungen		10				
Aktienkapital		250				
Reserven		70				
Gewinnvortrag		7				
Ertrag aus Arbeiten		700				
Debitorenverluste	5					
Personalaufwand	340					
Zinsaufwand Bankdarlehen	11					
Abschreibungen Büroeinrichtung						
Abschreibungen Maschinen/Fahrzeuge						
Übriger Aufwand	150					
	1 432	1 432				

[1] Die Saldobilanz ist eine Gegenüberstellung aller Salden der Bilanz- und Erfolgskonten. Provisorisch nennt man die Saldobilanz, weil vor dem endgültigen Abschluss noch Nachträge berücksichtigt werden müssen.

a) Verbuchen Sie die folgenden Tatbestände in der Spalte «Nachträge», und erstellen Sie die definitive Saldobilanz.

1	Die Büroeinrichtungen sind um 20% des Buchwerts abzuschreiben.
2	Die Maschinen/Fahrzeuge sind um 25% des Anschaffungswerts abzuschreiben.
3	Die Wertberichtigung für mutmassliche Debitorenverluste soll 5% der Debitorenausstände betragen.
4	Das Darlehen ist am 31. Mai und am 30. November zu verzinsen.
5	Die Rückstellungen für Garantieleistungen werden auf 2% des Umsatzes festgelegt.
6	Vorausbezahlte Sachversicherungsprämien von 2 sind zeitlich abzugrenzen.

b) Erstellen Sie die Erfolgsrechnung in Berichtsform.

Erfolgsrechnung 20_4

c) Wie setzt sich das Eigenkapital nach Verbuchung des Gewinns zusammen?

Eigenkapital per 31. 12. 20_4

27.13

Vervollständigen Sie das Journal der H. P. Derksen, Importe und Exporte.

Journal

Datum	Text	Buchung Soll	Haben	Betrag
01.01.	Anfangsbestand Delkredere			7 500
01.01.	Anfangsbestand Wertberichtigung Mobiliar			80 000
30.04.	Abschluss eines Mietvertrags mit einem Vermieter für Büroräume und Bankbelastung des Jahresmietzinses			24 000
15.05.	Abschreibung einer Forderung infolge Konkurses			14 500
30.08.	Abschluss eines Mietvertrags mit einem Mieter für eine nicht mehr benötigte Lagerhalle und Bankgutschrift des Jahresmietzinses			36 000
04.09.	Privatbezug bar			5 000
30.09.	Bankzahlung für Sachversicherungsprämien für ein Jahr			4 000
31.10.	Aufnahme und Bankgutschrift eines Darlehens (Zinstermine 31.10. und 30.04., Zinsfuss 6% p.a.)			100 000
05.11.	Kreditkauf einer EDV-Anlage			17 000
30.11.	Gewährung und Bankbelastung eines Darlehens (Zinstermin 30.11., Zinsfuss 8% p.a.)			30 000
31.12.	Das Delkredere wird neu auf Fr. 6000.– festgesetzt.			
31.12.	Abschreibung Mobiliar			22 000
31.12.	Bildung einer Rückstellung für Währungsrisiken bei Exportgeschäften			10 000
31.12.	Zeitliche Abgrenzung Mietaufwand			
31.12.	Zeitliche Abgrenzung Mietertrag			
31.12.	Zeitliche Abgrenzung Sachversicherungsprämien			
31.12.	Zeitliche Abgrenzung Zinsaufwand			
31.12.	Zeitliche Abgrenzung Zinsertrag			

27.14

Wie werden folgende Geschäftsfälle der Werbeagentur B. Müller verbucht? Grundlage bildet der Kontenrahmen KMU gemäss Anhang 2 (hinten im Buch). Die Zahlen sind in Fr. 1000.–.

Journal

Nr.	Geschäftsfall	Buchungssatz		Betrag
		Soll	Haben	
1	Barbezug bei der Bank für private Zwecke			10
2	Kauf eines Geschäftsautos gegen Rechnung			30
3	Bankbelastung für den Jahreszins auf einem Bankdarlehen			12
4	Für eine ausstehende Forderung von 25 überweist das Konkursamt 8 per Post; der Rest muss abgeschrieben werden.			
5	Privatrechnungen über das Bankkonto des Geschäfts bezahlt			8
5	Bankgutschrift von 13 für einen Wertschriftenertrag (Verrechnungssteuer auch buchen)			
6	Versand von Rechnungen für ausgeführte Arbeiten			80
7	Geschäftsmiete durch Postüberweisung bezahlt			18
8	Rechnung der Autogarage für ausgeführten Service			2
9	Transitorische Abgrenzung der vorausbezahlten Miete			6
10	Transitorische Abgrenzung der aufgelaufenen Schuldzinsen			4
11	Verminderung des Delkrederes von 8 auf 6			
12	Erhöhung der kurzfristigen Rückstellung für Garantiefälle			3
13	Indirekte Abschreibung des Mobiliars			12
14	Gutschrift Eigenlohn			120
15	Gutschrift Eigenzinsen			8
16	Saldierung des Privatkontos, das einen Habenüberschuss von 16 aufweist			16
17	Verbuchung des Jahresgewinnes			26

27.15

Nennen Sie die Buchungssätze für die Hoch- und Tiefbau AG auf der Grundlage des Kontenrahmens KMU. Die Beträge sind Kurzzahlen.

Journal 20_1

Nr.	Geschäftsfall	Buchungssatz		Betrag
		Soll	Haben	
1	Rückbuchung einer zeitlichen Abgrenzung (Ende Vorperiode aufgelaufene Schuldzinsen)			3
2	Kunden zahlen Rechnungen per Post			300
3	Verkauf eines gebrauchten Lastwagens für 40 gegen bar. Der Anschaffungswert betrug 250, die kumulierten Abschreibungen 220.			
4	Beschluss der Generalversammlung über die Gewinnverwendung: ▷ Reservenzuweisung 7 ▷ Dividendenzuweisung 60 ▷ Neuer Gewinnvortrag 2			
5	Kauf einer Maschine aus Deutschland: ▷ Rechnungsbetrag EUR 200, Kurs CHF 1.55/EUR ▷ Bankzahlung nach 60 Tagen, Kurs CHF 1.50/EUR ▷ Kursdifferenz			
6	Bankgutschrift für Obligationenzinsen 26. Verrechnungssteuer auch buchen.			
7	Aufnahme eines Bankdarlehens (Zinsfuss 5% p.a., Zinstermin 30. April)			120
8	Rechnung für Sachversicherungsprämien von Anfang Oktober 20_1 bis Ende April 20_2			9
9	Erhöhung der Wertberichtigung auf Debitoren			3
10	Indirekte Abschreibung Fahrzeuge			80
11	Zeitliche Abgrenzung Zinsen auf Darlehen von Geschäftsfall Nr. 9			
12	Zeitliche Abgrenzung Versicherungsprämien gemäss Geschäftsfall Nr. 10			
13	Verbuchung des Jahresgewinns			90

27.16

Trennen Sie die Lernkarten entlang der Perforation voneinander, und üben Sie die Bildung von **Buchungssätzen:** Die weissen Vorderseiten der Lernkarten enthalten als Aufgabenstellung die Geschäftsfälle, die grünen Rückseiten als Lösung die dazugehörigen Buchungssätze.

Direkte Abschreibung von Mobiliar 50.	Indirekte Abschreibung von Maschinen 80.	Abschreibung einer Debitorenforderung infolge Konkurses des Kunden 20.
Erhöhung der mutmasslichen Debitorenverluste am Jahresende von 13 (Anfangsbestand) auf 15 (Schlussbestand).	Bankgutschrift für Zinsen auf Kontokorrent 13. Die Verrechnungssteuer ist auch zu buchen.	Postzahlung von Versicherungsprämien 10. Davon sind 4 für das laufende und 6 für das nächste Jahr. Postzahlung und zeitliche Abgrenzung buchen.
Barbezug durch die Geschäftsinhaberin 8.	Gutschrift Eigenlohn bei der Einzelunternehmung 12.	Gutschrift Eigenzins bei der Einzelunternehmung 5.
Warenbezüge durch die Geschäftsinhaberin für private Zwecke 2.	Bareinlage der Geschäftsinhaberin zur Gründung einer Einzelunternehmung 40.	Gewinnverbuchung am Jahresende bei einer Einzelunternehmung 6.
Gewinnverbuchung am Jahresende bei einer Aktiengesellschaft 49.	Die Generalversammlung einer Aktiengesellschaft beschliesst eine Reservenzuweisung von 9 und eine Dividendenzuweisung von 40.	Dividendenauszahlung per Bank an die Aktionäre 26. Die Verrechnungssteuer ist auch zu buchen.

Debitorenverluste/Debitoren 20

Abschreibungen/
Wertberichtigung Maschinen 80

Abschreibungen/Mobiliar 50

Versicherungsaufwand/Post 10

Transitorische Aktiven/
Versicherungsaufwand 6

Bank/Zinsertrag 13

Debitor VSt/Zinsertrag 7

Debitorenverluste/Delkredere 2

Zinsaufwand/Privat 5

Personalaufwand/Privat 12

Privat/Kasse 8

Erfolgsrechnung/Eigenkapital 6

Kasse/Eigenkapital 40

Privat/Warenvorrat 2

Dividenden/Bank 26

Dividenden/Kreditor VSt 14

Gewinnvortrag/Reserven 9

Gewinnvortrag/Dividenden 40

Erfolgsrechnung/
Gewinnvortrag 49

Bildung einer Rückstellung für Garantieleistungen von 12.	Gegen einen Kunden wird die Betreibung eingeleitet. Leistung eines Kostenvorschusses von 1 durch die Post.	Verminderung der mutmasslichen Debitorenverluste am Jahresende von 28 (Anfangsbestand) auf 25 (Schlussbestand).
Kauf einer Maschine auf Kredit für EUR 100, Kurs 1.55. Bankzahlung nach 30 Tagen zum Kurs 1.50. Kauf, Zahlung und Kursdifferenz buchen.	Wegen eines Mangels wird einem Kunden ein Rabatt auf der verkauften Ware von 5 gewährt.	Darlehen 200, Zinsfuss 6%, Zinstermin 31. 10. Letzte nachschüssige Zinszahlung (Bankbelastung) und zeitliche Abgrenzung buchen.
Auf die Kundenforderung von 28 werden 5 per Post als Konkursdividende vergütet. Der Rest ist abzuschreiben.	Einem säumigen Schuldner werden Verzugszinsen von 4 belastet.	Zahlung einer Privatrechnung über das Postkonto des Geschäfts 11.
Rückbuchung des zeitlich abgegrenzten (vorausbezahlten) Mietzinses 6.	Das Privatkonto eines Einzelunternehmers mit einem Sollüberschuss von 10 ist beim Abschluss auszugleichen.	Verlustverbuchung am Jahresende bei einer Einzelunternehmung 1.
Ein nicht mehr benötigtes Fahrzeug mit einem Anschaffungswert von 80 und kumulierten Abschreibungen von 50 wird für 20 bar verkauft.	Unverhoffter Eingang einer bereits abgeschriebenen Kundenforderung von 5 (Bankgutschrift).	Eine gebrauchte Maschine mit einem Buchwert von 27 wird gegen Bankzahlung von 31 verkauft.

Delkredere/Debitorenverluste 3	Debitoren/Post 1	Verkaufsertrag (oder Garantieaufwand)/ Rückstellungen 12
Zinsaufwand/Bank 12 Zinsaufwand/ Transitorische Passiven 2	Warenertrag/Debitoren 5	Maschinen/Kreditoren 155 Kreditoren/Bank 150 Kreditoren/Maschinen 5
Privat/Post 11	Debitoren/Zinsertrag 4	Post/Debitoren 5 Debitorenverluste/Debitoren 23
Eigenkapital/Erfolgsrechnung 1	Eigenkapital/Privat 10	Mietaufwand (oder Raumaufwand)/ Transitorische Aktiven 6
Bank/Maschine 31 Maschine/Abschreibungen (oder Veräusserungsverluste) 4	Bank/Debitorenverluste (oder ausserordentlicher Ertrag) 5	Kasse/Fahrzeuge 20 Abschreibungen (oder Veräusserungsgewinn)/ Wertberichtigung Fahrzeuge 10 Wertberichtigung Fahrzeuge/ Fahrzeuge 60

27.50

Die Pestalozzi AG ist eine Privatschule, die öffentlich subventioniert wird. Die Kunden dieser Schule sind einerseits Lehrlinge, die eine Grundausbildung erhalten, und Erwachsene, die sich weiterbilden.

Führen Sie die Buchhaltung dieser Schule mit **EasyAccounting.** Der Kontenplan basiert auf dem Kontenrahmen KMU und ist bereits erfasst. Das Geschäftsjahr 20_4 ist eröffnet, aber die drei transitorischen Abgrenzungen sind noch nicht rückgebucht. Die Geschäftsfälle sind summarisch zusammengefasst.

Eröffnungsbilanz 1. 1. 20_4

Aktiven			Passiven		
Umlaufvermögen			**Fremdkapital**		
Bank	115 370		Kreditoren	57 100	
Debitoren	130 000		Aufgelaufene Darlehenszinsen[2]	6 000	
./. Delkredere	− 6 500		Im Voraus erhaltene Kursgelder[3]	540 000	
Ausstehende Subventionen[1]	211 000	449 870	Darlehen	600 000	1 203 100
Anlagevermögen			**Eigenkapital**		
Mobiliar	670 000		Aktienkapital	200 000	
EDV-Anlagen	380 000	1 050 000	Reserven	86 000	
			Gewinnvortrag	10 770	296 770
		1 499 870			1 499 870

[1] Der Staat subventioniert die Lehrlingsausbildung, d. h., er unterstützt sie finanziell. Die Subventionszahlungen durch den Kanton für das Jahr 20_3 sind noch nicht vollständig geleistet worden, weshalb die Schule in der Bilanz ein transitorisches Guthaben gegenüber dem Staat ausweist.

[2] Der Zinstermin für das Darlehen ist am 31. Oktober. Bisher betrug der Zinsfuss 6% p.a.; ab 31. Oktober 20_4 wird der Zinsfuss auf 5% p.a. gesenkt.

[3] Die Erwachsenen bezahlen das Kursgeld für die Weiterbildungskurse zum Voraus (bei Beginn der Kurse). Beim Jahresabschluss sind die meisten Kurse noch nicht fertig, weshalb die Schule gegenüber den Kursteilnehmer/innen eine transitorische Schuld bilanziert.

Geschäftsfälle 20_4

Nr.	Geschäftsfälle	Betrag
1	Rückbuchung der transitorischen Posten	?
2	Versandte Rechnungen an die Lehrgeschäfte für Schulgelder	1 240 000
3	Bankgutschriften für Subventionszahlungen durch den Kanton	4 740 000
4	Versandte Rechnungen an Kursteilnehmer/innen für Kursgelder	2 160 000
5	Bankzahlungen von Lehrgeschäften für Schulgelder	1 180 000
6	Bankzahlungen von Kursteilnehmerinnen und Kursteilnehmern	2 120 000
7	Bankzahlungen für Personalaufwand	6 490 000
8	Infolge Konkurses eines Lehrgeschäftes sind ausstehende Schulgelder abzuschreiben	3 200
9	Bankzahlungen für Schulhausmiete	1 020 000
10	Bankbelastung für Darlehenszinsen	?
11	Rechnungen für sonstigen Aufwand wie Energiebezüge, Versicherungsprämien, Verwaltungsaufwand, Unterhalt und Reparaturen, Werbung	389 000
12	Der Gewinn des Geschäftsjahres 20_3 beträgt Fr. 10 000.–. An der Generalversammlung vom 4. April wird folgende Gewinnverwendung beschlossen:	
	▷ Reservenzuweisung 5%	?
	▷ Dividendenzuweisung 4%	?
13	Bankauszahlung der Nettodividende (65%)	?
14	Gutschrift der Verrechnungssteuer an die eidg. Steuerverwaltung (35%)	?
15	Zwei Kursteilnehmer wurden fruchtlos betrieben und die Forderungen abgeschrieben	5 800
16	Banküberweisung der Verrechnungssteuer	?
17	Kreditkauf von Mobiliar	43 400
18	Kreditverkauf von gebrauchten EDV-Anlagen zum Buchwert	7 000
19	Kreditkauf von neuen EDV-Anlagen	132 000
20	Bankzahlungen an Kreditoren	552 000
21	Abschreibung Mobiliar	72 000
22	Abschreibung EDV-Anlagen	90 000
23	Das Delkredere ist Ende 20_4 prozentual gleich hoch anzusetzen wie im Vorjahr	?
24	Der Darlehenszins ist transitorisch abzugrenzen	?
25	Ausstehende Subventionen per Ende 20_4 gemäss Subventionsabrechnung	234 000
26	Im Voraus erhaltene Kursgelder per Ende 20_4	580 000

Am Ende des Geschäftsjahres 20_4 ist der Gewinn auf den Gewinnvortrag zu übertragen.

Analyse des Jahresabschlusses

28.01

Von einem Handelsbetrieb sind die Schlussbilanz sowie die Erfolgsrechnung in Fr. 1000.– gegeben.

Schlussbilanz 31. 12. 20_1

Aktiven			Passiven		
Umlaufvermögen			**Fremdkapital**		
Flüssige Mittel	400		Kreditoren	2 000	
Forderungen	1 800		Hypothek	2 400	4 400
Vorräte	1 000	3 200			
Anlagevermögen			**Eigenkapital**		
Einrichtungen	500		Aktienkapital	2 500	
Liegenschaft	4 300	4 800	Reserven	790	
			Gewinnvortrag	310	3 600
		8 000			8 000

Arrows labelled 1, 2, 3, 4, 5 within the balance sheet.

Erfolgsrechnung 20_1

Warenertrag (Umsatz, Verkaufserlös)	15 000
./. Warenaufwand	– 9 000
= Bruttogewinn	**6 000**
./. Personalaufwand	– 3 600
./. Abschreibungen	– 240
./. Übriger Baraufwand	– 1 680
= Ergebnis vor Zinsen (EBIT)	**480**
./. Zinsaufwand	– 120
= (Rein-)Gewinn	**360**

Berechnen Sie die verlangten Kennzahlen, und erläutern Sie den Zweck der Kennzahlen stichwortartig.

1 Aktiven
(Vermögensstruktur, Investierung)

Intensität des Anlagevermögens
(Anlageintensität)

2 Passiven
(Kapitalstruktur, Finanzierung)

Fremdfinanzierungsgrad
(Fremdkapitalquote)

Eigenfinanzierungsgrad
(Eigenkapitalquote)

3 Liquidität
(Zahlungsbereitschaft)

Liquiditätsgrad 2

4 Anlagedeckung
(Goldene Bilanzregel)

Anlagedeckungsgrad 2

5 Kapitalrenditen

Rentabilität des Eigenkapitals

Rentabilität des Gesamtkapitals

6 Umsatzrenditen

Gewinnmarge

Bruttogewinnmarge

...chnung			Zweck/Beurteilung
$\dfrac{\text{Anlagevermögen} \cdot 100\%}{\text{Gesamtvermögen}}$	_____		
$\dfrac{\text{Fremdkapital} \cdot 100\%}{\text{Gesamtkapital}}$	_____		
$\dfrac{\text{Eigenkapital} \cdot 100\%}{\text{Gesamtkapital}}$	_____		
$\dfrac{(\text{Flüssige Mittel} + \text{Forderungen}) \cdot 100\%}{\text{Kurzfristiges Fremdkapital}}$	_____		
$\dfrac{(\text{...enkapital} + \text{langfr. Fremdkapital}) \cdot 100\%}{\text{Anlagevermögen}}$	_____		
$\dfrac{\text{Gewinn} \cdot 100\%}{\text{Eigenkapital}}$	_____		
$\dfrac{\overbrace{(\text{Gewinn} + \text{Zinsen})}^{\text{EBIT}} \cdot 100\%}{\text{Gesamtkapital}}$	_____		
$\dfrac{\text{Gewinn} \cdot 100\%}{\text{Umsatz}}$	_____		
$\dfrac{\text{Bruttogewinn} \cdot 100\%}{\text{Umsatz}}$	_____		

28.02

Gegeben sind die grafisch dargestellten Bilanzen der beiden Unternehmungen X und Y. Beantworten Sie die Fragen.①

Bilanz X

Aktiven — Passiven

Umlauf-vermögen

Bilanz Y

Aktiven — Passiven

Umlauf-vermögen

a) Welche Kennzahl kann mithilfe der dunkel-grünen Fläche gebildet werden (ankreuzen)?

☐ Anlageintensität

☐ Fremdfinanzierungsgrad

☐ Liquiditätsgrad 2

☐ Anlagedeckungsgrad 2

b) Bei welchen Branchen ist die Anlageintensität sehr hoch (ankreuzen)?

☐ Energieerzeugung, Wasserversorgung

☐ Drogerie, Apotheke

☐ Uhren- und Bijouterieverkauf

☐ Hotel

☐ Reisebüro

☐ Grosshandel

☐ Transporte (z. B. SBB, Taxi, Bergbahn)

c) Welche Nachteile weist die Vermögensstruktur der Unternehmung Y auf?

Bilanz X

Aktiven — Passiven

Eigenkapital

Bilanz Y

Aktiven — Passiven

Eigenkapital

d) Welche Kennzahl kann mithilfe der dunkel-grünen Fläche gebildet werden (ankreuzen)?

☐ Anlageintensität

☐ Fremdfinanzierungsgrad

☐ Liquiditätsgrad 2

☐ Anlagedeckungsgrad 2

e) Welche Nachteile weist die Kapitalstruktur der Unternehmung Y auf?

Bilanz X

Aktiven	Passiven

Vorräte

Anlage-
vermögen

Langfristiges
Fremdkapital

Eigenkapital

Bilanz Y

Aktiven	Passiven

Vorräte

Anlage-
vermögen

Langfristiges
Fremdkapital

Eigenkapital

f) Welche Kennzahl ist dunkelgrün hervor-
gehoben?

g) Wie lautet die Faustregel bezüglich der Höhe
dieser Kennzahl?

h) Welche Unternehmung weist den besseren
Kennzahlenwert aus?

Bilanz X

Aktiven	Passiven

Umlauf-
vermögen

Kurzfristiges
Fremdkapital

Bilanz Y

Aktiven	Passiven

Umlauf-
vermögen

Kurzfristiges
Fremdkapital

i) Welche Kennzahl ist dunkelgrün hervor-
gehoben?

k) Was verlangt die goldene Bilanzregel?

l) Von welcher Unternehmung wird die goldene
Bilanzregel eingehalten?

---

① Gehen Sie bei vergleichenden Beurteilungen davon aus, dass sich jeweils beide Unternehmungen ausser
der grafisch dargestellten Besonderheit nicht unterscheiden. Zum Beispiel sind jeweils beide Betriebe in
der gleichen Branche tätig, erzielen gleich hohe Umsätze, weisen dasselbe Unternehmensalter auf, ver-
fügen über gleichwertige Mitarbeiter. Wissenschafter verwenden für diese Methode die lateinische
Bezeichnung **«ceteris paribus»,** was auf Deutsch übersetzt «unter (sonst) gleichen Umständen» heisst.

28.03

Die Transeuro AG führt Carreisen aus der Schweiz in europäische Länder durch. Gegeben sind die Kontensalden vor Gewinnverbuchung per Ende 20_1 in alphabetischer Reihenfolge (alles Kurzzahlen).

▷ Abschreibungen	100	▷ Gewinnvortrag aus Vorjahr	1
▷ Aktienkapital	200	▷ Kreditoren	30
▷ Bank (Kontokorrentguthaben)	5	▷ Personalaufwand	230
▷ Bankdarlehen (Schuld)	250	▷ Reserven	43
▷ Büroeinrichtung	10	▷ Transportertrag	600
▷ Debitoren	15	▷ Übriger Aufwand	124
▷ Fahrzeugaufwand	120	▷ Zinsaufwand	20
▷ Fahrzeuge	500		

a) Wie lautet die Erfolgsrechnung in Berichtsform?

Erfolgsrechnung 20_1

b) Erstellen Sie die gut gegliederte Bilanz nach Gewinnverbuchung.

Schlussbilanz nach Gewinnverbuchung per 31. 12. 20_1

Aktiven   Passiven

Umlaufvermögen

Kennzahlen von 28.03 c)

Name
Intensität des Anlagevermögens
Eigenfinanzierungsgrad
Liquiditätsgrad 2
Rendite des Eigenkapitals
Gewinnmarge

c) Berechnen Sie die Kennzahlenwerte bei der Transeuro AG, und vergleichen Sie diese mit den Durchschnittswerten der Branche, wie sie am Ende des Theorieteils abgedruckt sind.

echnung	Wert bei Transeuro	Wert der Branche	Kommentar

28.04

Berechnen Sie für diesen Handelsbetrieb aufgrund von Bilanz und Erfolgsrechnung die verlangten Kennzahlen.

Schlussbilanz 31. 12. 20_1

Aktiven			Passiven	
Umlaufvermögen			**Fremdkapital**	
Kasse	6		Kreditoren	20
Debitoren	18		Hypotheken	160	180
Vorräte	16	40		
Anlagevermögen			**Eigenkapital**	
Mobilien	20		Eigenkapital	180
Immobilien	300	320		
		360		360

Erfolgsrechnung 20_1

Aufwand		Ertrag	
Warenaufwand	360	Warenertrag	600
Personalaufwand	90		
Zinsaufwand	9		
Abschreibungen	30		
Übriger Aufwand	93		
Gewinn	**18**		
	600		600

Kennzahlen

Name der Kennzahl	Formel in Worten	Berechnung	Ergebnis
Intensität des Anlagevermögens			
Fremdfinanzierungsgrad			
Eigenfinanzierungsgrad			
Liquiditätsgrad 2			
Anlagedeckungsgrad 2			
Eigenkapitalrendite			
Gesamtkapitalrendite			
(Rein-)Gewinnmarge			
Bruttogewinnmarge			

28.05

Verbinden Sie für die folgenden Kennzahlen die Namen und die dazugehörigen Formeln mit Strichen.

Kennzahlen	**Formeln**
Intensität des Anlagevermögens	$\dfrac{\text{Gewinn} \cdot 100\%}{\text{Eigenkapital}}$
Rentabilität des Eigenkapitals	$\dfrac{(\text{Flüssige Mittel} + \text{Forderungen}) \cdot 100\%}{\text{Kurzfristiges Fremdkapital}}$
Fremdfinanzierungsgrad	$\dfrac{\text{Gewinn} \cdot 100\%}{\text{Umsatz}}$
Liquiditätsgrad 2	$\dfrac{(\text{Gewinn} + \text{Zinsen}) \cdot 100\%}{\text{Gesamtkapital}}$
(Rein-)Gewinnmarge	$\dfrac{\text{Anlagevermögen} \cdot 100\%}{\text{Gesamtvermögen}}$
Anlagedeckungsgrad 2	$\dfrac{\text{Fremdkapital} \cdot 100\%}{\text{Gesamtkapital}}$
Rentabilität des Gesamtkapitals	$\dfrac{\text{Eigenkapital} \cdot 100\%}{\text{Gesamtkapital}}$
Bruttogewinnmarge	$\dfrac{(\text{Eigenkap.} + \text{langfr. Fremdkap.}) \cdot 100\%}{\text{Anlagevermögen}}$
Eigenfinanzierungsgrad	$\dfrac{\text{Bruttogewinn} \cdot 100\%}{\text{Umsatz}}$

28.06

Nennen Sie für die folgenden Geschäftsfälle die Buchungssätze, und beurteilen Sie, wie sich die aufgeführten Kennzahlen durch diese Buchungen **unmittelbar** verändern. Verwenden Sie dazu folgende Zeichen:

+ bedeutet, die Kennzahl wird grösser

– bedeutet, die Kennzahl wird kleiner

0 bedeutet, die Kennzahl verändert sich nicht

Aufgabe	Geschäftsfälle und Buchungssätze	Anlage-intensität	Fremdfinan-zierungsgrad	Liquiditäts-grad 2	Anlagedeckungs-grad 2	Eigenkapital-rendite[1]
a)	Barkauf eines Fahrzeugs					
b)	Aufnahme einer Hypothek (Gutschrift auf dem Aktivkonto Bank)					
c)	Ein Lieferantenkredit wird in ein langfristiges Darlehen umgewandelt.					
d)	Erhöhung des Aktienkapitals (Gutschrift der Einzahlungen auf dem Aktivkonto Bank)					
e)	Debitoren zahlen auf das Aktivkonto Bank.					

[1] Die Eigenkapitalrendite ist in der Ausgangslage positiv.

28.07

Von einem Handelsbetrieb liegen die Schlussbilanz und die Erfolgsrechnung in Kurzzahlen vor:

Schlussbilanz 31. 12. 20_1

Aktiven		Passiven	
Kasse	4	Kreditoren	11
Debitoren	26	Bank	66
Vorräte	20	Aufgelaufene Zinsen	3
Mobilien	30	Hypotheken	90
Immobilien	120	Eigenkapital	30
	200		200

Erfolgsrechnung 20_1

Aufwand		Ertrag	
Warenaufwand	250	Warenertrag	400
Personalaufwand	80		
Zinsaufwand	11		
Abschreibungen	6		
Übriger Aufwand	52		
Gewinn	**1**		
	400		400

Berechnen Sie die verlangten Kennzahlen, und geben Sie einen Kurzkommentar ab.

Kennzahl	Berechnung	Kommentar
Anlageintensität		
Eigenfinanzierungsgrad		
Liquiditätsgrad 2		
Anlagedeckungsgrad 2		
Eigenkapitalrendite		
Gesamtkapitalrendite		

28.08

Gegeben sind die Bilanzen (in Kurzzahlen) von drei grösseren schweizerischen Industriebetrieben.

Bilanz A

Aktiven		Passiven	
Liquide Mittel	12	Kurzfristiges Fremdkapital	32
Forderungen	25	Langfristiges Fremdkapital	24
Vorräte	25		
Anlagevermögen	38	Eigenkapital	44
	100		100

Bilanz B

Aktiven		Passiven	
Liquide Mittel	1		
Forderungen	33	Kurzfristiges Fremdkapital	69
Vorräte	43		
		Langfristiges Fremdkapital	14
Anlagevermögen	23	Eigenkapital	17
	100		100

Bilanz C

Aktiven		Passiven	
Liquide Mittel	25	Kurzfristiges Fremdkapital	20
Forderungen	10	Langfristiges Fremdkapital	20
Vorräte	25		
Anlagevermögen	40	Eigenkapital	60
	100		100

a) Berechnen Sie für die drei Unternehmungen die verlangten Kennzahlen.

	Unternehmung A	Unternehmung B	Unternehmung C
Fremdfinanzierungsgrad			
Anlageintensität			
Liquiditätsgrad 2			
Anlagedeckungsgrad 2			

b) Beurteilen Sie die Finanzierungsstruktur sowie die Liquidität der drei Unternehmungen.

28.09

Vergleichen Sie die beiden Fluggesellschaften anhand der Zahlen aus den Geschäftsberichten, die für diese Aufgabe vereinfachend zusammengefasst und in Millionen CHF umgerechnet wurden.

Bilanz Lufthansa

Aktiven		Passiven	
Umlaufvermögen	5 000	Fremdkapital	14 000
Anlagevermögen	15 000	Eigenkapital	6 000
	20 000		20 000

Balance sheet easyJet

Assets		Liabilities and equity	
Current assets	120	Liabilities	450
Fixed assets	480	Equity	150
	600		600

Erfolgsrechnung Lufthansa

Ertrag aus Flugbetrieb	20 000
./. Flugbetriebsaufwand	– 18 000
= **Operatives Ergebnis**	**2 000**
./. Finanzergebnis (Zinsen)	– 500
= **Gewinn**	**1 500**

Income statement easyJet

Operating revenues	600
./. Operating expenses	– 540
= **EBIT**	**60**
./. Interest	– 14
= **Profit**	**46**

Berechnen Sie folgende Kennzahlen, und geben Sie einen Kurzkommentar.

Kennzahl	Lufthansa	easyJet	Kurzkommentar
Fremdfinanzierungsgrad			
Intensität des Anlagevermögens			
Gesamtkapitalrendite			
Erlös je angebotener Sitzkilometer[1]			
Betriebsaufwand je angebotener Sitzkilometer[1]			
Sitzladefaktor (Auslastung)[1]			

[1] **Zusätzliche Angaben**

	Lufthansa	easyJet
Angebotene Sitzkilometer in Mio. (= Kapazität)	123 800	5 800
Verkaufte Sitzkilometer in Mio.	92 160	4 810

28.10

J und P sind bekannte Bergbahnen in einem grossen schweizerischen Kurort. Die Geschäftsberichte für das Jahr 20_4 enthalten unter anderem folgende Zahlen in Fr. 1000.–:

Bilanzen

Aktiven	Bergbahn J		Bergbahn P	
Umlaufvermögen				
Flüssige Mittel	2 300		5 200	
Forderungen	500		2 300	
Vorräte	200	3 000	500	8 000
Anlagevermögen				
Anlagevermögen		28 000		44 000
		31 000		52 000

Passiven	Bergbahn J		Bergbahn P	
Fremdkapital				
Kurzfristiges Fremdkapital	1 000		4 000	
Langfristiges Fremdkapital	25 000	26 000	33 000	37 000
Eigenkapital				
Aktienkapital	3 000		6 000	
Reserven + Gewinnvortrag	2 000	5 000	9 000	15 000
		31 000		52 000

Erfolgsrechnungen

Ertrag	Bergbahn J		Bergbahn P	
Verkehrsertrag Winter	9 000		14 000	
Verkehrsertrag Sommer	1 000		1 000	
Übriger Betriebsertrag	3 000	13 000	7 000	22 000

Aufwand	Bergbahn J		Bergbahn P	
Personalaufwand	3 300		8 300	
Diverser Sachaufwand	2 700		7 700	
Zinsaufwand	1 000		1 500	
Abschreibungen	5 000	12 000	3 500	21 000
Gewinn		1 000		1 000

Zusätzliche Angaben

	Bergbahn J	Bergbahn P
Dividendenausschüttung	450	600
Investitionen (Ausbau und Erneuerung der Bahnanlagen)	7 000	7 000

Lösungsblatt zu 28.10

Kennzahl
Intensität des Anlagevermöge
Fremdfinanzierungsgrad
Liquiditätsgrad 2
Anlagedeckungsgrad 2
Rentabilität des Eigenkapitals
Rentabilität des Gesamtkapit
Gewinnmarge
Personalintensität (Personalaufwand in Prozent des Umsatzes)
Dividendenausschüttung in Prozenten

Aufgabe

Sie überlegen sich, ob Sie Aktien der Bergbahn J oder der Bergbahn P kaufen sollen.

Berechnen Sie als Entscheidungsgrundlage die verlangten Kennzahlen, und geben Sie einen Kurzkommentar ab.

für gbahn J	Wert für Bergbahn P	Kurzkommentar

28.50 Unter dieser Nummer finden Sie auf der CD eine weitere Aufgabe zur Analyse der Jahresrechnung, die sich mit MS-Excel lösen lässt.

28.11

Auf der nächsten Seite finden Sie einen perforierten Bogen mit 24 Antworten zu den hier gestellten Fragen. Trennen Sie die Antwortkarten voneinander, und legen Sie die richtige Antwort mit der Schrift nach unten auf die passende Frage. Bei richtiger Lösung erhalten Sie ein Feedback in Form eines Cartoons.

Ende Jahr wird das Delkredere vermindert. Wie lautet die Buchung?	Welcher Geschäftsfall steckt hinter folgender Buchung: Verkaufsertrag/ Rückstellungen	Wie lautet die Berechnungsformel für den Anlagedeckungsgrad 2?	Einem Einzelunternehmer wird das Monatsgehalt gutgeschrieben. Wie lautet die Buchung?
Die Produktions-AG hat einen Verlust erwirtschaftet. Wie lautet die Verbuchung des Verlustes?	Was für ein Konto sind die Debitorenverluste?	Für einen hängigen Prozess werden Rückstellungen gebildet. Wie lautet die Buchung?	Für welchen deutschen Begriff steht das englische Wort «Liabilities»?
Für ein Darlehen wird der Jahreszins Ende September nachschüssig bezahlt. Wie bucht der Borger am Jahresende?	Ein Kunde wird betrieben. Wie lautet die Buchung?	Für welche Kennzahl steht folgende Formel? $$\frac{(\text{Gewinn} + \text{Zinsen}) \cdot 100\%}{\text{Gesamtkapital}}$$	Welcher Geschäftsfall steckt hinter folgender Buchung: Transitorische Aktiven/ Zinsertrag
Anschaffungswert ./. Kumulierte Abschreibungen = ?	Aus welchen Teilen setzt sich das Unternehmereinkommen zusammen?	Was für ein Konto ist das Delkredere?	Eine Maschine wird indirekt abgeschrieben. Wie lautet die Buchung?
Das Privatkonto eines Einzelunternehmers weist einen Sollüberschuss auf. Wie lautet die Ausgleichsbuchung?	Wie lautet die Berechnungsformel für den Liquiditätsgrad 2?	Eine Einzelunternehmerin leistet eine Kapitaleinlage auf das Bankkonto. Wie lautet die Buchung?	Was für ein Konto sind die Rückstellungen?
Von welchem Betrag ist ein fester Prozentsatz abzuschreiben, um degressive Abschreibungsbeträge zu erhalten?	Welcher Geschäftsfall steckt hinter der folgenden Buchung? Transitorische Passiven/ Mietertrag	Welchen Wert erhält man, wenn zum Kaufpreis einer Maschine die Bezugs- und Montagekosten addiert werden?	Für welche Bilanzkennzahl steht folgende Formel? $$\frac{\text{Anlagevermögen} \cdot 100\%}{\text{Gesamtvermögen}}$$

Verkaufsertrag (oder Garantieaufwand)/ Rückstellungen	Bank/Eigenkapital	Zinsaufwand/ Transitorische Passiven	Anschaffungswert
Minus-Aktivkonto	Buchwert	Abgrenzung von auf- gelaufenen, noch nicht erhaltenen Darlehens- zinsen	Buchwert
Delkredere/ Debitorenverluste	Fremdkapital	Schulden (Fremdkapital)	Minus-Ertragskonto
Keine Buchung	Abschreibungen/ Wertberichtigung Maschinen	Anlageintensität	Lohnaufwand/ Privat
Verlustvortrag/ Erfolgsrechnung	$\dfrac{\text{(Fl. Mittel + Forderungen)} \cdot 100\%}{\text{Kurzfristiges Fremdkapital}}$	$\dfrac{\text{(EK + langfr. FK)} \cdot 100\%}{\text{Anlagevermögen}}$	Rentabilität des Gesamtkapitals
Rückbuchung der Ab- grenzung von im Voraus erhaltenen Mietzinsen	Für Garantiearbeiten werden Rückstellungen gebildet.	Eigenkapital/Privat	Eigenlohn Eigenzinsen Gewinn

Anhang 1 Fachwörterverzeichnis (Glossar)

Fachwort	Erklärung
Abschreibung	Buchhalterische Erfassung von Wertverminderungen, v. a. auf Sachanlagen.
Abschreibung degressive	Abschreibung mit festem Prozentsatz vom Buchwert. Jährliche Abschreibungsbeträge nehmen ab.
Abschreibung, direkte	Wertverminderung wird direkt auf dem Aktivkonto abgebucht.
Abschreibung indirekte	Wertverminderung wird indirekt auf einem Wertberichtigungskonto (Minus-Aktivkonto) verbucht.
Abschreibung, lineare	Abschreibung mit festem Prozentsatz vom Anschaffungswert. Jährliche Abschreibungsbeträge bleiben gleich.
Aktiengesellschaft	Rechtsform für eine Gesellschaft, bei welcher das Eigenkapital bei der Gründung durch einen oder mehrere Aktionäre (voraussichtlich ab 1. Juli 2007) aufgebracht wird und die Haftung auf das Gesellschaftsvermögen beschränkt ist.
Aktiven	Sollseite der Bilanz. Vermögen.
Anhang	Teil der Jahresrechnung von Aktiengesellschaften. Enthält zusätzliche Informationen vor allem zu Bilanz und Erfolgsrechnung.
Anlagedeckungs-grad 2	Langfristiges Kapital (Eigenkapital und langfristiges Fremdkapital) in Prozenten des Anlagevermögens. Goldene Bilanzregel.
Anlageintensität	Anlagevermögen in Prozenten des Gesamtvermögens.
Anlagevermögen	Vermögensteile, die der Unternehmung für lange Zeit (länger als ein Jahr) zur Nutzung bereitstehen.
Anschaffungswert	Kaufpreis plus Bezugs- und Montagekosten.
Aufwand	Durch den Umsatzprozess (Leistungserstellung und -veräusserung) verursachte Vermögensabnahmen oder Schuldenzunahmen.
Bank	Kurzfristiges Guthaben oder kurzfristige Schuld bei einer Bank.
Bestandesrechnung	Bilanz.
Bewertung, bewerten	Festsetzung des Wertes von Aktiven und Schulden. Tätigkeit der Wertermittlung.
Bilanz	Gegenüberstellung von Aktiven und Passiven zu einem bestimmten Zeitpunkt.
Bilanzgewinn	Gewinnvortrag und Jahresgewinn zusammen (für Aktiengesellschaften).
Bilanzsumme	Total der Aktiven = Total der Passiven.
Bonität	Kreditwürdigkeit und Kreditfähigkeit eines Schuldners.
Briefkurs	Verkaufskurs.
Bruttogewinn	Im Handel die Differenz zwischen Warenertrag (Nettoerlös) und Warenaufwand (Einstandswert).

Fachwort	Erklärung
Bruttogewinnmarge	Bruttogewinn in Prozenten des Warenertrages (Nettoerlöses).
Buchungssatz	Kurzform zur Darstellung der Verbuchung eines Geschäftsfalls. Besteht aus Sollkonto, Habenkonto und Betrag.
Buchwert	Wert gemäss Buchhaltung.
Cashflow	Aus der Geschäftstätigkeit (Umsatzprozess) gewonnene Liquidität.
Darlehen	Meist Darlehensschuld. Fester, langfristiger Kredit.
Debitor VSt	Guthaben aus Verrechnungssteuer gegenüber den Steuerbehörden.
Debitoren	Forderungen gegenüber Kunden. Offene (noch nicht bezahlte) Kundenrechnungen.
Debitorenverluste	Erlösminderung, die durch die Zahlungsunwilligkeit bzw. Zahlungsunfähigkeit von Kunden entsteht. Minus-Ertragskonto.
Delkredere	Wertberichtigungskonto zu den Debitoren für mutmassliche Debitorenverluste. Minus-Aktivkonto.
Devisenkurs	Wechselkurs für Buchgeld (z.B. Konten in fremder Währung, Checks, Kreditkartenzahlungen).
Dividenden	Gewinnausschüttungen an die Teilhaber von Kapitalgesellschaften (z.B. an die Aktionäre).
EasyAccounting	Elektronisches Buchhaltungsprogramm auf CD.
EBIT	Earnings before interest and taxes. Operatives Ergebnis vor Zinsen und Steuern.
Eigenfinanzierungsgrad	Eigenkapital in Prozent des Gesamtkapitals.
Eigenkapital	Reinvermögen. Überschuss des Vermögens (Aktiven) über die Schulden (Fremdkapital).
Eigenlohn	Gehalt für den Geschäftsinhaber/die Geschäftsinhaberin einer Einzelunternehmung.
Eigenzins	Zins auf dem Eigenkapital.
Einzelunternehmung	Rechtsform für eine Unternehmung, bei der das Eigenkapital durch den unbeschränkt haftenden Inhaber aufgebracht wird.
Erfolg	Oberbegriff für Gewinn oder Verlust. Saldo der Erfolgsrechnung. Differenz zwischen Aufwand und Ertrag.
Erfolgsrechnung	Gegenüberstellung von Aufwand und Ertrag eines Zeitraums (z.B. ein Jahr).
Eröffnungsbilanz	Bilanz, mit welcher eine neue Rechnungsperiode eröffnet wird.
Ertrag	Durch den Umsatzprozess (Leistungserstellung und -veräusserung) verursachte Vermögenserhöhungen oder Schuldenabnahmen.
Fertigfabrikate	Von einem Fabrikationsbetrieb hergestellte und zum Verkauf bestimmte Erzeugnisse.
Finanzaufwand	Sammelbegriff für Zinsaufwand, Beteiligungsaufwand und Wertschriftenaufwand.
Finanzertrag	Sammelbegriff für Zinsertrag, Beteiligungsertrag und Wertschriftenertrag.
Fremdfinanzierungsgrad	Fremdkapital in Prozent des Gesamtkapitals.
Fremdkapital	Schulden. Verbindlichkeiten gegenüber Dritten.
Geldkurs	Kaufkurs.

Fachwort	Erklärung
Geschäftsbericht	Bei Aktiengesellschaften vom Verwaltungsrat zuhanden der Aktionäre jährlich zu erstellender Bericht, der aus der Jahresrechnung, dem Jahresbericht und evtl. der Konzernrechnung besteht. Er ist bei börsenkotierten Gesellschaften (Publikumsgesellschaften) zu veröffentlichen.
Gewinn	Positiver Erfolg. Ertrag ist grösser als Aufwand.
Gewinnmarge	(Rein-)Gewinn in Prozenten des Umsatzes (Nettoerlös).
Gewinnvortrag	Nicht ausgeschütteter Gewinn. Teil des Eigenkapitals, vor allem bei der Aktiengesellschaft.
GmbH	Gesellschaft mit beschränkter Haftung. Rechtsform für eine Gesellschaft, bei der das Eigenkapital (Stammkapital) bei der Gründung durch einen oder mehrere Gesellschafter aufgebracht wird und die Haftung auf das Gesellschaftsvermögen beschränkt ist.
Goldene Bilanzregel	Das Anlagevermögen muss mit langfristigem Kapital (Eigenkapital und langfristiges Fremdkapital) finanziert werden. Anlagedeckungsgrad 2.
Haben	Rechte Seite eines Kontos.
Hauptbuch	Gesamtheit aller Konten.
Höchstbewertungsvorschriften	Aktiven dürfen nicht zu einem höheren Wert in die Bilanz eingesetzt werden, als vom Gesetz vorgeschrieben. Eine tiefere Bewertung (Unterbewertung) ist gestattet. Für die Schulden gelten sinngemäss Mindestbewertungsvorschriften.
Hypothek	Grundpfandgesichertes Darlehen.
Immobilien	Liegenschaften (Land, Gebäude, Stockwerkeigentum).
Intensität des Anlagevermögens	Anlagevermögen in Prozenten des Gesamtvermögens.
Inventar	Detailliertes Verzeichnis aller Vermögens- und Schuldenteile zu einem bestimmten Zeitpunkt.
Inventur	Inventaraufnahme (Tätigkeit).
Investition	Einkleidung von finanziellen Mitteln in andere Vermögenswerte, zum Beispiel Kauf einer Maschine.
Jahresbericht	Teil des Geschäftsberichts einer Aktiengesellschaft. Besteht aus dem Lagebericht und der Prüfungsbestätigung der Revisionsstelle.
Jahresrechnung	Teil des Geschäftsberichts einer Aktiengesellschaft. Besteht aus Bilanz, Erfolgsrechnung und Anhang.
Journal	Chronologische (zeitlich geordnete) Aufzeichnung aller Buchungen. Besteht aus Datum, Soll- und Habenbuchung, Text sowie Betrag.
Kapital	Passiven. Habenseite der Bilanz.
Kapital X	Kapitaleinlage von Gesellschafter/in X (bei der Kollektivgesellschaft).
Kaufkurs (von Fremdwährungen)	Geldkurs. Preis für den Kauf von fremden Währungen aus der Sicht der Bank.
Kennzahlen	Zahlen mit konzentrierten Informationen zur finanziellen Lage der Unternehmung.
Kollektivgesellschaft	Rechtsform für eine Gesellschaft, bei der das Eigenkapital durch mindestens zwei unbeschränkt haftende Teilhaber aufgebracht wird.
Konto	Zweiseitige Rechnung für die Verbuchung von Geschäftsfällen. Linke Seite = Soll, rechte Seite = Haben.

Fachwort	Erklärung
Kontokorrent	Konto bei der Bank oder Post, bei dem sich der Saldo mit jedem Geschäftsfall laufend verändert.
Kreditor VSt	Schulden aus Verrechnungssteuern gegenüber der eidg. Steuerverwaltung.
Kreditoren	Offene (noch nicht bezahlte) Rechnungen, vor allem gegenüber Lieferanten. Kurzfristige Schulden.
Kurs (von Fremd-währungen)	Preis in Schweizer Franken für 1 oder 100 fremde Währungseinheiten.
Kurs (von Wertschriften)	Preis an der Börse für Wertpapiere (für Aktien gilt der Kurs pro Stück, bei Obligationen in Prozenten des Nominalwerts).
Lagebericht	Teil des Jahresberichts einer Aktiengesellschaft. Beschreibung des Geschäftsverlaufs und der wirtschaftlichen Lage.
Liquidationswert	Restwert einer Anlage am Schluss der Nutzungsdauer.
Liquide Mittel	Zusammenfassung kurzfristig verfügbarer Zahlungsmittel wie Kasse, Post und Bank.
Liquidität	Fähigkeit, die Zahlungsverpflichtungen rechtzeitig erfüllen zu können.
Liquiditätsgrad 2	Liquide Mittel und Forderungen in Prozenten des kurzfristigen Fremdkapitals.
Marchzins	Zins für einen Bruchteil des Jahres.
Minus-Aktivkonto	Wertberichtigung zu einem Aktivkonto mit den Buchungsregeln eines Passivkontos, zum Beispiel Delkredere oder Wertberichtigung Anlagevermögen.
Minus-Ertragskonto	Konto für Erlösminderungen mit den gleichen Buchungsregeln wie Aufwandkonten, z.B. Debitorenverluste.
Minus-Passivkonto	Wertberichtigung zu einem Passivkonto mit den Buchungsregeln eines Aktivkontos, zum Beispiel Verlustvortrag.
Mobiliar	Büromöbel, Einrichtungen.
Mobilien	Oberbegriff für Mobiliar, EDV-Anlagen, Büromaschinen und manchmal Fahrzeuge.
Notenkurs	Wechselkurs für Noten und Münzen.
Nutzungsdauer	Zeit, während der eine Anlage wirtschaftlich genutzt werden kann.
Passiven	Habenseite der Bilanz. Kapital.
Privat(konto)	Konto zur Abwicklung des Verkehrs zwischen dem Geschäftsinhaber bzw. den Gesellschaftern und der Unternehmung.
Rechnungs-abgrenzung	Zeitliche Anpassung der Aufwände und Erträge an die Rechnungsperiode. Transitorische Abgrenzung.
Reingewinn	Gewinn.
Reinvermögen	Eigenkapital. Aktiven abzüglich Schulden.
Rentabilität, Rendite	Prozentuales Verhältnis zwischen Ergebnis und Kapitaleinsatz.
Rentabilität des Eigenkapitals	Gewinn in Prozenten des Eigenkapitals.
Rentabilität des Gesamtkapitals	Gewinn und Zinsen in Prozenten des Gesamtkapitals.

Fachwort	Erklärung
Reserven	Zurückbehaltener (nicht ausgeschütteter) Gewinn. Teil des Eigenkapitals, vor allem bei Aktiengesellschaften.
Rohmaterial	Ausgangsstoffe zur Herstellung von Produkten im Fabrikationsbetrieb.
Rückstellungen	Schulden, die bezüglich Höhe oder Zeitpunkt des Eintritts unbestimmt sind.
Saldo	Rest in einem Konto oder bei einer Abrechnung. Ausgleichsbetrag zwischen Soll und Haben.
Saldovortrag	Der aus der Vorperiode übernommene Bestand (Saldo) eines Aktiv- oder Passivkontos. Der Anfangsbestand der laufenden Periode entspricht dem Schlussbestand der Vorperiode.
Schlussbilanz	Bilanz, mit welcher eine Rechnungsperiode abgeschlossen wird. Es gibt eine Schlussbilanz vor Gewinnverbuchung und eine nach Gewinnverbuchung.
Schulden	Fremdkapital. Verbindlichkeiten gegenüber Dritten.
Soll	Linke Seite eines Kontos.
Stammkapital	Grundkapital bei der GmbH.
Storno, Stornierung	Rückgängig machen einer falschen Buchung durch eine zusätzliche umgekehrte Buchung.
Transitorische Aktiven	Kurzfristige Geld- oder Leistungsguthaben, verursacht durch zeitliche Abgrenzungen beim Abschluss.
Transitorische Passiven	Kurzfristige Geld- oder Leistungsschulden, verursacht durch zeitliche Abgrenzungen beim Abschluss.
Umlaufvermögen	Flüssige Mittel und Vermögensteile, die innerhalb eines Jahres zur Umwandlung in flüssige Mittel bestimmt sind.
Umsatz	Nettoerlös, Warenertrag, Verkaufserlös.
Usanz	Brauch, Gepflogenheit im Geschäftsverkehr. Vgl. Zinsusanz.
Valuta	Für die Zinsberechnung massgebliches Datum.
Verkaufskurs (von Fremdwährungen)	Briefkurs. Preis für den Verkauf von fremden Währungen aus der Sicht der Bank.
Verlust	Negativer Erfolg. Aufwand ist grösser als Ertrag.
Verlustvortrag	Verlust, der auf die nächste Periode übertragen wird. Wertberichtigungskonto zum Eigenkapital.
Vermögen	Aktiven. Sollseite der Bilanz.
Verrechnungssteuer	Steuer des Bundes von 35% auf dem Ertrag von beweglichem Kapitalvermögen (z.B. auf Zins- und Dividendenerträgen).
Wertberichtigung	Korrektur zu einem Aktiv- oder Passivkonto, z.B. Delkredere, kumulierte Abschreibungen oder Verlustvortrag.
Zeitliche Abgrenzung	Rechnungsabgrenzung.
Zins	Preis für die vorübergehende Kapitalüberlassung.
Zinsfuss	Jahreszins in Prozenten des Kapitals.
Zinsusanz	Bei Banken übliche Art, die Tage zu berechnen. Am bekanntesten sind die deutsche, englische und französische Zinsusanz.

Schweizer Kontenrahmen für kleine und mittlere Unternehmen in Produktion, Handel und Dienstleistung (für Schulzwecke gekürzt)

1	Aktiven
10	**Umlaufvermögen**
100	**Liquide Mittel**
1000	Kasse
1010	Post
1020	Bank
1050	Kurzfristige Geldanlagen
1060	Wertschriften
110	**Forderungen**
1100	Debitoren (Forderungen aus Lieferungen und Leistungen)
1109	*Delkredere*[1]
1170	Debitor Vorsteuer (MWST)
1176	Debitor VSt
1190	Transitorische Aktiven[2]
120	**Vorräte**
1200	(Handels-)Waren
1210	Rohmaterial
1260	Fertigfabrikate
1280	Angefangene Arbeiten
130	**Aktive Rechnungsabgrenzung**
1300	Transitorische Aktiven[2]
14	**Anlagevermögen**
140	**Finanzanlagen**
1400	Beteiligungen
1440	Aktivdarlehen
150	**Mobile Sachanlagen**
1500	Maschinen, Produktionsanlagen
1509	*Wertberichtigung*[1]
1510	Mobiliar, Einrichtungen
1520	Büromaschinen, EDV
1530	Fahrzeuge
1540	Werkzeuge
160	**Immobile Sachanlagen**
1600	Immobilien (Liegenschaften)
1609	*Wertberichtigung*[1]
170	**Immaterielle Anlagen**
1700	Patente, Lizenzen

2	Passiven
20	**Fremdkapital**
200	**Kurzfristiges Fremdkapital**
2000	Kreditoren (Verbindlichkeiten aus Lieferungen und Leistungen)
2100	Bank
2200	Kreditor Umsatzsteuer (MWST)
2206	Kreditor VSt
2210	Kreditoren Sozialversicherungen
2230	Dividenden
2300	Transitorische Passiven
2330	Kurzfristige Rückstellungen
240	**Langfristiges Fremdkapital**
2400	Darlehen
2440	Hypotheken
2460	Obligationenanleihen
2600	Langfristige Rückstellungen
28	**Eigenkapital**[3]
280	**Grundkapital**
2800	Aktienkapital
290	**Zuwachskapital**
2900	Gesetzliche Reserven
2910	Andere Reserven
2990	Gewinnvortrag/*Verlustvortrag*

[1] Wertberichtigungsposten sind auch bei anderen Aktiven möglich. Für Wertberichtigungskonten wird an der vierten Stelle jeweils die Ziffer 9 verwendet.

[2] Im KMU-Kontenrahmen sind die transitorischen Aktiven als Rechnungsabgrenzung in einer separaten Kontengruppe 130 aufgeführt. Da es sich bei den transitorischen Aktiven immer um Forderungen handelt, können diese alternativ auch in der Kontengruppe 110 eingereiht werden.

[3] Das Eigenkapital wird je nach Rechtsform unterschiedlich gegliedert. Hier ist die Aktiengesellschaft dargestellt. Bei der Einzelunternehmung könnten zum Beispiel die Konten 2800 Eigenkapital und 2850 Privat verwendet werden. Oder bei der GmbH würde das Konto 2800 Stammkapital heissen.

	Betriebsertrag aus Lieferungen und Leistungen[4]

Ertrag aus dem Verkauf von Produkten (Fabrikaten)
Bestandesänderungen an Halb- und Fertigfabrikaten
Warenertrag
Ertrag Eigenverbrauch (Private Warenbezüge)
Dienstleistungsertrag
Zinsertrag[5]
Debitorenverluste

	Material- und Warenaufwand[4]

Materialaufwand
Warenaufwand
Aufwand für Drittleistungen

	Personalaufwand[4]

Lohnaufwand
Sozialversicherungsaufwand
Übriger Personalaufwand

	Sonstiger Betriebsaufwand

Raumaufwand/Mietaufwand
Unterhalt und Reparaturen
Fahrzeugaufwand
Versicherungsaufwand
Energie- und Entsorgungsaufwand
Verwaltungsaufwand
Werbeaufwand
Übriger Betriebsaufwand
Zinsaufwand[5]
Abschreibungen

7	**Betriebliche Nebenerfolge**
740	**Finanzerfolg**
7400	Zinsertrag[5]
7410	Zinsaufwand[5]
7420	Wertschriftenertrag
7430	Wertschriftenaufwand
7440	Beteiligungsertrag
7450	Beteiligungsaufwand
750	**Liegenschaftserfolg**
7500	Liegenschaftsertrag
7510	Liegenschaftsaufwand
790	**Veräusserungserfolg**
7900	Gewinne aus Veräusserung von Anlagevermögen (Ertrag)
7910	Verluste aus Veräusserung von Anlagevermögen (Aufwand)

8	**Neutraler Erfolg**
8000	Ausserordentlicher Ertrag
8010	Ausserordentlicher Aufwand
8200	Betriebsfremder Ertrag
8210	Betriebsfremder Aufwand
8900	Steuern[6]

9	**Abschluss**
9000	Erfolgsrechnung
9100	Bilanz

[4] In diesen Kontenklassen besteht für die einzelne Unternehmung die Möglichkeit, je nach Branche und Grösse die Anzahl der Konten zu variieren und eine zweckmässige Gliederung vorzunehmen.

[5] Für Aktiengesellschaften wird in OR 663 Abs. 2 vorgeschrieben, dass der Finanzaufwand (Zinsaufwand) und der Finanzertrag (Zinsertrag) separat ausgewiesen werden müssen. In den meisten Fällen überwiegt bei den KMUs der Zinsaufwand, der im Konto 6800 verbucht wird. Und eine allfällige Zinsgutschrift auf dem Kontokorrentkonto könnte im Konto 3800 als Zinsertrag erfasst werden. Wenn die Finanzanlagen hingegen ein Ausmass erreichen, welches den Rahmen der üblichen betrieblichen Tätigkeit sprengt, sollten sowohl die Finanzerträge als auch die Finanzaufwände in der Klasse 7 ausgewiesen werden.

[6] Bei der Aktiengesellschaft als juristischer Person werden auf diesem Konto die direkten Steuern (Gewinn- und Kapitalsteuern) verbucht. Bei der Einzelunternehmung ist der Steueraufwand der natürlichen Person des Inhabers/der Inhaberin auf dem Privatkonto zu buchen.

Dieses mehrbändige Werk vermittelt die Grundlagen des Rechnungswesens und befähigt den Lernenden nach abgeschlossenem Studium, das Rechnungswesen in der Praxis richtig anzuwenden.

Band 1: Wie der Hase läuft

▷ Das System der doppelten Buchhaltung

▷ Fremdwährungen

▷ Zinsrechnen

Band 2: Gut gebrüllt, Löwe

▷ Einzelunternehmung

▷ Kollektivgesellschaft

▷ Aktiengesellschaft

▷ Gesellschaft mit beschränkter Haftung

▷ Abschreibungen

▷ Debitorenverluste, Delkredere

▷ Transitorische Konten und Rückstellungen

▷ Analyse des Jahresabschlusses

Band 3: Wie der Fisch im Wasser

▷ Wareneinkauf und Warenverkauf

▷ Offenposten-Buchhaltung

▷ Mehrwertsteuer

▷ Kalkulation im Handel, Nutzschwelle

▷ Mehrstufige Erfolgsrechnungen

▷ Lohnabrechnung

▷ Wertschriften

▷ Immobilien

Band 4: Das beste Pferd im Stall

▷ Cashflow, Geldflussrechnung

▷ Bewertung und stille Reserven

▷ Kostenrechnung: Divisions- und Zuschlagskalkulation, Deckungsbeitragsrechnung

▷ Bilanz- und Erfolgsanalyse*

* ab 2. Auflage 2006